MW01490215

Intocable

Abigail Rivera Peña

Las citas biblicas de esta publicación han sido tomada de
la Reina Valera 1960 ©Sociedades Bíblicas en América Latina, 1960
Derechos renovados 1988 Sociedades Bíblicas Unidas
Usado con permiso

Imagen de Portada: StockSnap, pixabay.com

Copyright © 2023 Abigail Rivera Peña

Todos los derechos reservados.

ISBN: 9798867147563

DEDICATORIA

En primer lugar, dedico este trabajo al Creador, Dios
Todopoderoso, quien nos guía en su sendero cada día. Luego, se lo
dedico a todos aquellos que cada día se atreven ejercer la fe y
creen en el propósito de Dios para con su vida. Aquellos que
deciden ser sostenidos por el Invisible; misioneros, maestros,
pastores y todos aquellos que diariamente ejercen su fe en Dios, a
pesar de las circunstancias adversas. Aquellos que no necesitan que
sus nombres aparezcan en Hebreos once, pero que a diario
continúan poniendo sus ojos en Jesús, el autor y consumador de la
fe. Por si acaso creía que nadie pensaba en usted, reciba esta
dedicatoria con amor.

Seguramente mi disertación no cumple con los mejores estándares de la literatura, sin embargo, doy fe que cada palabra que plasmo sale del corazón. He logrado compartir personalmente con la escritora y me he deleitado con su libro y su estilo tan magistral en la presentacion de sus momentos espirituales en convivencia con el nivel supremo. La amistad que siento por ella ha calado de manera tan especial, que hemos comulgado las vivencias de los maravillosos misterioso de las santas escrituras. Abigail, es un ser muy privativo a quien Dios le ha dado el talento de comunicar y traer a la vida aquellos preciosos pasajes en la vida de Jesús. Ha logrado atraer de nuevo mi atención en la manera que ha presentado su trabajo, ciertamente sabe conocer como unir los eslabones y utilizar esa técnica magistral de subir al cielo y predicar en la tierra.

Hace décadas conozco a Abigail y ha tocado muy profundo mi vida espiritual. Entiendo que ha sido como un ángel mensajero que ha hecho posible la sanación de heridas que se acumulan en la vida. Me enseñó a orar y tener una comunicación especial con Jesús en momentos de grandes angustias, tribulaciones y pruebas. A partir de ese momento mi vida dio un giro total, donde se aprende a perdonar y la paz llega a nuestros corazones, permitiendo entender la verdadera esencia en los seres que amamos. Con perseverancia vimos como, de la mano de Jesús, se hizo realidad el fruto de los logros y la evolución que tanto deseamos para con los nuestros. La oracion sanó enfermos que estaban desahuciados en la familia, le dio la victoria en su crecimiento a nuestros hijos, permitiéndonos entender que estamos donde Dios ha predestinado colocarnos en su plan divino.

Mi gran amiga es un semillero de posibilidades y es sorprendente observar que en una criatura vive un potencial de inagotable fortaleza, donde ni los más temibles impactos la desdoblan por mas grandes que puedan ser los problemas. Entiendo que solamente el ayuno, arqueando las rodillas en oración y alabanzas nos mantienen en pie si nuestras raices son profundas. He leido este último trabajo y me sorprende la manera tan profunda que ha logrado plasmar en su libro un mensaje universal para entender los misterioso del evangelio y la fe. Abigail tiene el conocimiento y la virtud de la palabra. De mi corazón sale un noble deseo que logre completar sus grandes sueños y dentro de su humildad siga alcanzando la gracia de Dios.

Siempre he sentido que en nuestras vidas ocurren causalidades orientadas por un plan divino diseñado para cada ser humano por el Dios del universo. Dios nos indica que, a través de lo que hizo su hijo en la cruz, la fe, la oracion y llevando una vida de obediencia, podemos alcanzar el cielo. Dos milagros de la Biblia que hoy día aportan un caudal de sabiduría en nuestra vida y elevan el conocimiento espiritual en nuestros tiempos. Siempre que exista un corazón dispuesto renacerá el milagro de la luz, siendo la manera en que procedemos, fruto de los buenos sentimientos del corazón y lo que sale de nuestra boca revele la pureza del espíritu.

¡Dios te bendiga!

Sheila Rivera Serrano, MD
Asesora en Salud
Gobierno de PR

Me parece a mí que la porción de Marcos 5:25-34 y Lucas 8:43-38 es una de las más fascinantes de la Biblia, la palabra de Dios. La hermana y Rvda. Abigail Rivera Peña ha sido y sigue siendo un instrumento poderoso en las manos del Señor. Desde la primera vez que la conocí, en la Escuela de Misiones Betania, con la Clase Vida Cristiana con el tema de la Muerte al Yo; su prédica y su ministración ha sido confrontativa a mi vida. Luego de leer varios de sus libros y de leer su última producción: ¿Qué parte del no tú no entiendes?, surge este manuscrito de su próximo libro ¡Intocable!

Le he leído y releído porque sigue siendo una de mis escrituras favoritas. Su estilo sencillo y diáfano, su profundidad en cada detalle de esta mujer inmunda y del Principal Jairo ha sido poderoso para entender más profundamente el poder que tiene la fe en un Dios que es Todopoderoso y compasivo. Estoy segura que cuando usted tenga este libro (¡Intocable!) en sus manos no va a querer soltarlo y aún más, ha de atesorarlo como uno de sus libros favoritos que puede ministrarle entre sus páginas en la noche más oscura de su vida y ser de bendición a otros.

Doy gracias al Señor todos los días por la vida y el ministerio de esta mujer, sierva humilde y maravillosa, la maestra, pastora y Rvda. Abigail Rivera. Oro al Señor para que este libro sea de bendición a todas las vidas que van a ser tocadas por él.

Rev. Alba Morales de Sarriera
Ministro Concilio Asambleas de Dios
Bayamón, PR

CONTENIDO

PRÓLOGO

La fe siempre ha sido un tema que se ha discutido mucho entre creyentes a lo largo de la historia. Algunas de las preguntas más frecuentes que nos hacemos son, ¿quién debe tener fe para que ocurra un milagro, el que ora, o el enfermo? ¿Por qué no todas las personas por las que se ora por un milagro se sanan? Tal vez las respuestas no sean tan sencillas, o puntuales, pero lo que sí podemos decir es que, después de leer este libro tu fe aumentará. Declaraciones como "Fe es convencer al exterior, lo que en el interior ya es una realidad", o "La fe me permite sostenerme mientras lo que está destinado por el Dios del cielo sucede", son algunas de las que encontrarás en este libro que ayudarán a ubicarte en la fe, cuando la incredulidad quiera tocar la puerta de tu corazón. A nuestra autora, le apasiona el tema de la fe. Si no has leído su primer libro "Qué parte del no tú no entendiste" te recomiendo que lo leas, pues allí también Abigail habla de la fe.

En la Biblia hay aproximadamente 3,100 nombres propios. De esos, solo 170 son de mujeres. Menciono este dato porque las historias de milagro en las que está basado este libro son precisamente de dos mujeres que no tenían nombre. Una es llamada por los evangelistas "la mujer de fluyo de sangre" y la otra es llamada "la hija de Jairo". Mujeres anónimas, de las cuales Jesús se encargó que su historia trascendiera hasta nuestros días para que se escribiera sobre ellas y se contaran sus historias. Mujeres que tal vez no tenían voz, pero Dios, no solo les dio voz, sino que también las humanizó y las dignificó cuando en aquella sociedad de la que la autora habla en este importante libro, no valoraba. Son estas dos historias de las que se vale nuestra autora, Abigail, para mostrarnos lo que podemos aprender de las mismas.

No te puedo dar los spoilers, te toca leer el libro. Cuando lees el título del libro ya te da inquietud de saber de qué se trata, luego, ves el índice e inmediatamente quieres comenzar a leerlo. ¿Qué me dirá el capítulo Lady nadie y conmigo no cuentes, o el que se llama Perdone señora... ¡la fila es al final! Me dio mucha curiosidad el título del capítulo 8 el cual la autora le puso "Hermanita ¿Qué tenía? Esto me hizo recordar las campañas del evangelista Yiye Ávila.

Es lo que tiene nuestra autora, es una escritora que siempre se distingue por su forma de comunicar verdades profundas de la Palabra de una manera muy peculiar y creativa. Como notamos, en los títulos de sus capítulos vemos la evidencia de esa creatividad, pero cuando leas el libro, verás la profundidad del mensaje sobre la fe que ella nos quiere compartir. Ella no solo nos cuenta las historias, sino que usa comentarios exegéticos, muy bien explicados y aplicados, para darnos el trasfondo que necesitamos para entender bien el mensaje.

Cuando nos adentramos en este escrito, nos hace sentido

el título que la autora usa: Intocable. Intocable, la mujer de flujo de sangre por ser inmunda, intocable la hija de Jairo por estar muerta, intocable nuestra fe cuando no nos atrevemos a enfrentar los desafíos. Pero según vamos profundizando vamos viendo como Abigail entrelaza muy hábilmente otras historias de milagros para fundamentar el tema central del libro: la fe.

Cada vez que leía "la intocable", pensaba en lo horrible de ese nombre y me producía un sentimiento de tragedia bien fuerte. En eso Abigail se parece al evangelista Lucas que siempre le gusta resaltar la tragedia para contrastarla con el poder de Dios. Lucas se encargó de dejar saber que el hijo de la viuda de Naín que Jesús resucitó era hijo único. ¿Por qué esto es trágico? porque una mujer viuda queda en manos de sus hijos cuando muere el esposo, pero ésta tenía un solo hijo, y había muerto. Es una tragedia para esta viuda no tener a nadie. No había seguro social ni las ayudas que tenemos ahora. Luego, vemos a Lucas resaltando la tragedia de un hijo único que estaba endemoniado y su padre fue donde Jesús para pedirle que lo ayudara. Mateo y Marcos registran el milagro, pero no dicen que era hijo único.

De igual forma, en este caso de la hija de Jairo, solo Lucas dice que esta niña era hija única. Así, con esta forma de la autora presentar a la mujer de flujo de sangre como la intocable da esa sensación de tragedia en la que cada vez que leía "la intocable" pensaba "ay Dios mío que acabe y toque a Jesús para que su situación cambie". Es precisamente lo importante de este libro. La profesora Abigail no deja a la mujer de flujo de sangre en la miseria de ser intocable. No la deja aislada, inmunda, o débil. Al contrario, muestra esta mujer como atrevida por todo lo que hizo para logar su milagro, y nos deja ver cómo va cambiando el estatus de todas estas formas de ser intocable a tocar el mundo con el ejemplo de cada una de estas historias y sus vidas. La hija de Jairo no se queda en el lecho de muerte. En estas páginas también veremos la fe de Jairo y el principio de esperar en Dios.

Este libro te invita a salir del anonimato en el que la incredulidad te ha mantenido por tanto tiempo. Te anima a que te alejes de personajes como Doña angustia, Doña tristeza, pena, ira o desesperación. Son compañías que no te convienen.

En el capítulo cinco la profesora Abigail escribe: "A través de la fe (la mujer del flujo de sangre) había transicionado de la angustia a la expectativa, de estar derribada por las circunstancias a estar respirando con la convicción de que su situación cambiaría, pues una fuerza interior la estaba fortaleciendo". Es esta fuerza interior la que la autora nos invita a abrazar, esa fe que se puede tocar, esa fe viva que te sana y te salva, esa fe que hace que virtud salga de Dios para transformar tu crisis en bendición. La fe que le hizo entender a Jairo que "era hora de mirar, no lo que veían sus ojos o sus circunstancias, sino mirar la acción de Dios". No te detengas, sigue leyendo que ahora es que esto se va a poner bueno.

Raquel Echevarría Quiñones, ThD
Doctorado en Teología
Pastora Primera Iglesia AD Juncos

INTRODUCCIÓN

Cuando pensaba en un título para este libro, tengo que confesarle que pensé en la frase "Una cita con la fe" y luego me llegó el tema: Intocable. Al hacer una evaluación de lo aprendido a través de los pasajes bíblicos, entendí más pertinente el título Intocable. No solo por la condición de los personajes del libro; una mujer con una enfermedad excluyente a la cual nadie podía tocar, una niña cuya muerte la hacía intocable ante la ley, sino por el hecho de que para algunos la fe es tema intocable. Para otro de los personajes, era intocable, debido a las implicaciones religiosas y legales, la idea de invitar a Jesús a su casa. A diario nos encontramos personas que ven a Dios como un ser intocable, inalcanzable e innacesible.

Intocable puede ser el tema de la fe cuando no la conocemos o aplicamos. Jesús es intocable para muchas étnias que no lo conocen, pues pertenecen a grupos no alcanzados por el evangelio. Dios nos acerca, a través de este libro, a su entorno, a su voz, a su propósito, a conocerlo tal cual, a saber, que todo tiene un propósito, aunque lo desconozcamos al presente. Confío en que este libro sea una invitación del cielo para abrir los depósitos de la fe que Dios ha fijado en nosotros. Solo falta alguien que crea.

Te invito a recorrer a través de doce capítulos dos historias que se entrelazan, cual de las dos más interesantes, pero con una sola finalidad, aumentar nuestra fe en la provisión propicia del Dios que nos ama y que se interesa por nosotros.

1

INTOCABLE

La experiencia de Jesús con el quebranto es tal, que no solamente conoce la más mínima herida que existe, sino que puede quebrantar toda ligadura, no importa como se llame.

Cuando apenas los primeros rayos del sol bañaban la llanura, sigilosa se mueve una silueta. Con mucho cuidado en cada paso y con la intención de no dejar rastro, transita, de un lado a otro, sin tiempo que perder. Cual sombra que se desvanece al paso, una mujer abandona su morada, bueno, si se le puede llamar morada a aquello rústico y sin belleza alguna, el lugar donde vivía sola esa criatura. Apartado e inhóspito, solo en sus recuerdos existía la dicha de una vida plena, rodeada de familia, y solvencia económica a su disposición. Pero eso quedó en el pasado, ¡bendito tiempo vivido el de esta mujer!, ahora su vida se había detenido, un sangrado profuso la limitaba a la prisión de los inmundos, de los pocos afortunados, pero muy marcados por la sociedad a la que pertenecía. Solo eso quedaba de ella, una silueta sin rumbo fijo.

En Mateo 9: 18 al 26 dice: "Mientras él les decía estas cosas, vino un principal y se postró ante él, diciendo: Mi hija acaba de morir; más ven y pon tu mano sobre ella, y vivirá. Y se levantó Jesús, y le siguió con sus discípulos. Y he aquí una mujer enferma de flujo de sangre desde hacía doce años, se acercó por detrás y tocó el borde de su manto; porque decía dentro de sí: Si tocare solamente su manto, seré salva. Pero Jesús, volviéndose y mirándola, dijo: Ten ánimo hija; tu fe te ha salvado. Y la mujer fue salva desde aquella hora. Al entrar Jesús en la casa del principal, viendo a los que tocaban flautas y la gente que hacía alboroto, les dijo: Apartaos, porque la niña no está muerta, sino duerme. Y se burlaban de él. Pero cuando la gente había sido echada fuera, entró y tomó de la mano de la niña y ella se levantó. Y se difundió la fama de esto por toda aquella tierra."

Mateo 9:18-25, Marcos 5: 21-43 y Lucas 8: 40-56, narran esta misma historia, un pasaje en común o una historia paralela. Esta trata acerca de dos milagros de Jesús, interrelacionados uno con el otro. Comencemos con el de una mujer que se propuso tocar el borde del manto de Jesús. Aunque no es el primer personaje al que Jesús se encuentra ese día, por la enfermedad que le aquejaba, la llamaremos "La Intocable". Conforme a los relatos bíblicos que mencionamos, ella sufría una enfermedad de flujo de sangre durante doce largos años, y eso la hacía intocable, conforme a la ley mosaica. Esta enfermedad no solamente afectaba su cuerpo, sino también su estado anímico. Debido a las rigurosas leyes de salubridad establecidas en el tiempo de Moisés, los afectados por esta dolencia podían sentirse excluidos de la sociedad, en todo el sentido de la palabra.

El sangrado menstrual de una mujer promedia de cinco días de duración. Pero en el caso de esta mujer, se prolongó durante doce años, por lo que pudo experimentar desbalances, mareos y posiblemente anemia. A menos que usted coma varillas de titanio y almuerce barras de hierro, va a sentir debilidad ante esta dolencia. Era doblemente agraviosa su enfermedad, primero por la pérdida de sangre, y luego por las consecuencias en su metabolismo que la debilitaban cada día.

Es probable que una misma pregunta rondara por su mente, una y otra vez, ¿por qué me ocurrió esto? o ¿quién de mi familia pecó? Ella pertenecía a una sociedad en la que se enseñaba en ciertos círculos, que el mal que aquejaba a una persona era producto de agravios de los antepasados del enfermo. Igual le pasó al ciego de nacimiento al que Jesús sanó. Juan 9:12 dice: "Y preguntándole sus discípulos le dijeron ¿quién pecó, este o sus padres para que naciese ciego? Jesús respondió: ni éste pecó, ni sus padres, más para que las obras de Dios se manifiesten en él." Jesús le aclara a todos los allí presentes lo que realmente ocurría con el ciego.

Esa hemorragia, o sangrado profuso y continuo de la mujer intocable, impactaba por completo su entorno, pues la persona estaba destinada a no contar con personas

> La fe comienza con mirar a Jesús, luego, lo demás va por su cuenta

cercanas a ella. Su círculo familiar quedaría marcado por lo que la Ley establecía como inmundicia, conforme a Levíticos 15: 19-32. Allí se especifica que todo lo que tocare el enfermo, ya fuera persona o mueble, se tenía que declarar inmundo o impuro. El verso 25 dice: "Y la mujer, cuando siguiere el flujo de su sangre por muchos días fuera del tiempo de su costumbre, o cuando tuviere flujo de sangre más de su costumbre, todo el tiempo de su flujo será inmunda como en los días de su costumbre." También en ese capítulo se menciona la ofrenda de dos palominos que tenía que llevar al sacerdote, si algún día fuera liberado de esa enfermedad.

La mujer que hemos llamado "Intocable", escuchó hablar de Jesús, cuando el Salvador estaba en la orilla, después de haber liberado al endemoniado de Gadara. ¿Cree usted que lo que planificaba esta mujer, el tratar de tocar el borde del manto de Jesús, estaba bien? Entre la muchedumbre que seguía a Jesús, probablemente había muchas mujeres, pero hay aquí un obstáculo, y era la condición de enfermedad de esta mujer que la excluía por la impureza de su padecimiento. Siguiendo el estricto orden de estos mandamientos, en el caso de que esta mujer tocara a Jesús, también lo convertiría en inmundo.

Otro factor a considerar son las normas que tenían los esenios. Este era un grupo religioso en el tiempo de Jesús, que no permitían que se tocara a un maestro. Las reglas e interpretaciones de los líderes religiosos, entre ellos fariseos y saduceos, eran en la dirección de excluir a las mujeres de la enseñanza en la sinagoga. Eso nos explica por qué a los discípulos les extrañó que Jesús hablara con la mujer samaritana (Juan 4:27). Cuando Dios tiene un propósito hará que lo que resulte imposible pueda fluir en los canales que él ha establecido, punto y se acabó. Para efectos de entender de forma expositiva este pasaje, tan intocable era esta señora, como lo era Jesús, pues un toque de un inmundo convertía en inmundicia al que fuera tocado por éste, esto incluía aún a los sacerdotes. Pero uno más grande que la enfermedad, estaba allí.

2

LADY NADIE Y CONMIGO NO CUENTES

Aquel que sería azotado por nuestras rebeliones, vio como azote lo que aquejaba a esta mujer.

Mientras el canto melodioso de los pájaros que anidaban en los árboles cercanos se dejaba sentir, los acompañantes asiduos: angustia y tristeza, se encargaban de despertar esta mujer todas las mañanas. Estaban allí, y el toque ruidoso a la puerta de su corazón era constante. ¿por qué no la dejaban, si ella no los había invitado? Ella deseaba paz y silenciar las voces que una y otra vez retumbaban, y aunque fueron múltiples sus intentos, eran tan fuertes y constantes que no tuvo otra opción que resignarse a ellos. Habían logrado hacer morada en una casa vacía de esperanza.

Además de sus mareos y pérdida de fuerza, esta mujer tenía que tratar de ocultar las manchas de sangre en su indumentaria, resultado evidente de la dolencia que la aquejaba. A diario podía ser objeto de señalamientos e injurias, miradas penetrantes que asechaban y juzgaban lo que veían, sin mirar el corazón de una mujer doblemente marcada, tanto física como emocional. Incluso, existía la posibilidad que alguna persona, al ver la cercanía, decidieran apedrearla. Las marcas o cicatrices emocionales pueden aniquilar al más fuerte y producir heridas profundas que no se sanan con triple antibiótico, ni con ningún medicamento fabricado en esta tierra.

La realidad es que podemos ser afectados severamente por una situación traumática que nos haya marcado y está cruzada en nuestro camino, sin ningún ánimo de moverse, cubriendo nuestro horizonte de posibilidades. La enfermedad que padecía esta señora podía tener como fin traer dificultad de concentración y obrar en menoscabo de las capacidades emocionales y físicas. ¿Cuántos de nosotros hemos recibido una palabra hiriente, producto de un mal momento, cuya fuente estaba plagada de odio, rencor, falta de amor y sin filtro alguno fue emitida, logrando desarmar al más fuerte? ¿Le ha pasado a usted? ¿Se ha sentido emocionalmente afectado por un recuerdo doloroso?

Esas heridas pueden neutralizar a cualquiera y detienen toda aspiración, además, hacen que lo realizable se convierta en utopía, o que un sueño puesto por Dios se convierta en inalcanzable. ¡Cuidado con no trabajar con esas heridas, pues tienen la encomienda de tratar de dar muerte a los sueños de Dios que deposita en el ser humano que decide creerle! Esta mujer enferma existía, pero no vivía, y como un cuerpo dirigido al destierro, trataba de sobrevivir o por lo menos existir, sin saber hasta cuándo.

La intocable estaba destinada al exilio, a que nadie se acercara, ni tan siquiera un animal doméstico. Allí es que se presenta Lady Nadie y su hermano Conmigo No Cuentes. Son esas instancias las que se proyectan como que no importamos y somos nadie y que no hay ayuda para nuestro mal, carecemos de una mano que nos auxilie, por lo que no contamos con nadie…aparentemente. En estos momentos se recibe todo tipo de repudio y palabras hirientes: ¡Eso te lo buscaste tú o tú tienes la culpa!

No se equivoque con el dicho popular que dice que *las palabras se las lleva el viento*, pues hay vida y muerte en las palabras. Proverbios 18:21 dice: "la muerte y la vida están en el poder de la lengua, y el que la ama comerá de sus frutos". Posiblemente existía una palabra que seguía una y otra vez a esta señora: ¡Inmunda!, y eso era despectivo, para una persona que creía que era una muerta en vida. Lo que escuchaba siempre era muerte, pero Dios nos llama a la vida, a la vida eterna. Debemos ser sensibles a su voz de amor.

Esta mujer no podía tener pareja, pues hombre que la tocara inmediatamente era impuro, conforme a Levítico 15. De igual forma, no podía tener hijos, pues todos corrían con la misma suerte, ser afectados por la impureza. Literalmente esta señora era intocable y la muy atrevida se le ocurrió la brillante idea de tocar el borde del manto del autor y consumador de la fe. Tocar físicamente una persona, así como tocar sus pertenencias por parte de una mujer menstruosa era sumamente impuro y requería tiempo de limpieza, por lo que tengo que afirmar nuevamente: ¡Que atrevida!

Muchos de nosotros no vemos esto con el rigor que lo veían en la cultura judía. Entendí perfectamente lo que le ocurría a esta señora, a través de una vivencia que compartió una maestra del idioma hebreo, de padres judíos, mientras yo tomaba clases de hebreo en una sinagoga en Santurce, PR. La maestra nos contó que en cierta ocasión concurrió con un rabino en unas gestiones y éste no tenía bolígrafo, por lo que le pidió a ella que le prestara uno, para firmar un documento. Antes de tomarlo directamente de su mano, le pidió que pusiera el bolígrafo en una mesa. Acto seguido le preguntó si ella estaba en sus días de menstruación, pues en caso afirmativo, él no podía utilizar el mismo. Eso pasó en pleno siglo XXI, no para el tiempo del imperio romano, por lo que, en algunos círculos judíos, siguen siendo muy estrictos con este asunto.

En el sector religioso, lo menos que le faltaba a Jesús era los problemas, pues en su mayoría ni los fariseos, saduceos, ni escribas, toleraban las enseñanzas de Jesús. Esto para nada favorecería el ministerio del Maestro con relación a la aprobación del sector religioso que predominaba en Jerusalén. Pongamos eso en contexto, para no tener pretexto. Lo que queremos consignar es que aquellos ilustres líderes religiosos de la época de Jesús, llamados fariseos, saduceos, escribas y herodianos funcionaban como una franquicia del infierno. Cuando menos se pensaba que ellos buscarían cualquier situación para descalificar a Jesús.

El enemigo es experto en hacer que eso que nos causó dolor regrese como palomas a nuestro balcón y haga nido en nuestras emociones. Y si ella se acostumbraba a caminar con Lady Nadie y su hermano Conmigo No Cuentes, estaba claro que no contaba con familia, ni pariente, ni dolientes, ni salientes. Esta señora probablemente no tenía mascota. Así como lo está leyendo, los animales caían en el renglón de impureza si eran tocados por esta señora. O sea, que esta señora estaba más salada que el Mar Muerto, y ya se había ganado la rifa de todos los problemas.

Se une a eso el hecho de que ni los evangelistas que narran este milagro nos dicen cómo se llamaba, o sea, el colmo, la intocable era también anónima. Pero, al igual que el niño que entregó los cinco panes y los peces de Juan 6, no importó conocer su nombre para que quedara registrado el milagro recibido. Tampoco conocemos el nombre de la joven esclava que refiere al general sirio Naamán al profeta de Dios para recibir sanidad (2 Reyes 5), pero su acción quedó plasmada en la Escritura.

Es interesante encontrar en la Biblia una cantidad de instancias en que personajes anónimos fueron canales de bendición para la realización de un milagro. Pues no se trata de ellos, sino del autor de los milagros. La gloria y honra son siempre de nuestro Dios. ¡Dios no tiene vacantes en el cielo, de Él es la gloria y honra! Hacemos lo natural para que a través de nosotros se proyecte lo sobrenatural. Existen personas que se desviven buscando la gloria terrenal, pues les interesa que su nombre esté grabado en alguna tarja por sus hechos y hazañas. Algo realmente imprescindible es que nuestros nombres estén escritos en el Libro de la Vida, a través del sacrificio de Jesús en la cruz. Nuestra verdadera vida es la eterna, pues somos peregrinos y extranjeros en esta tierra.

Y si a esta señora le faltaran problemas, ahora, para colmo, está el hecho de que esta mujer, por su impureza, no se podía presentar ni por los alrededores del templo. ¿Cómo es? ¿Y cómo iba a desarrollar comunión con Dios, si en ese tiempo las personas se acercaban al templo para ofrecer sacrificios y ofrendas? Esta señora estaba completamente aislada, sin amigos, sin esperanza y sin que alguien pudiera ayudarla a acercarse a Dios...hasta que llegara el día en que tendría una cita con la fe. Una cita planificada por el Todopoderoso. Un encuentro sin reprogramación, ni atrasos. El acercamiento que esta mujer necesitaba estaba a pasos alcanzables, solo faltaba el elemento humano, era el esfuerzo por alcanzar aquello que estaba en la voluntad de Dios, su milagro. Esto se está poniendo bueno.

3

INJUSTICIA SALIÓ DE PASEO

La fe no es ruidosa, la fe convence en el silencio.

Con paso lento, y a veces completamente detenida, respiración profunda, cabizbaja y sin fuerzas, marcha esta mujer, como si se tratara de un combatiente abatido que busca de un refugio. A lo lejos ve la multitud, esa que se mueve como comparsa sin perder el paso, a la cual intenta llegar. ¿Podré alcanzarlos con mis pocas fuerzas?, cavilaba en sus pensamientos. Pero a ese gentío tenía que integrarse si quería lograr lo que se había propuesto. En su razonamiento, rápido y sagaz, como nota musical tarareaba la consigna, ¡Ánimo, lo lograrás! Pero esta mujer no contaba con el hecho de que alguien más procuraba la atención del Ungido.

Entre el auditorio ordinario en el ministerio terrenal de Jesús, era conocida la presencia de los fariseos, saduceos, escribas, herodianos. Si se adentra más a la historia del pueblo de Israel para el tiempo de Jesús, es posible que se encuentre con los zelotes y los esenios. La mayor parte del tiempo estos grupos religiosos se convertían en un tipo de comité de causas perdidas, por lo menos a lo que se refiere a la justicia. Los fariseos, saduceos y escribas son los que más conocemos como parte de los grupos religiosos del tiempo de Jesús. Algunos miembros de estos grupos pertenecían al Sanedrín, un tipo de tribunal religioso o consejo dirigente en Jerusalén, dominado mayormente por los saduceos y dirigido por el sumo sacerdote.

Los saduceos se autoproclamaban descendientes de un sacerdote llamado Sadoc (tiempo de Salomón) cuyo nombre significa justo, pero no le hacían honor a su nombre. La mayoría eran ricos, aristócratas y el mensaje de Jesús no les gustaba para nada, pues ellos no creían en la resurrección, espíritus, ángeles, entre otras cosas. Lo interesante de este grupo es que dominaban el Sanedrín y tenían gran influencia con el gobierno romano. La mayor parte de los sumos sacerdotes pertenecían a este sector religioso.

Los fariseos, otro partido religioso conservador existente en esa época, tenían por nombre los separados o santos, aunque en su mayoría vivía lejos de serlo. Eran apegados a la Ley de Moisés y a las tradiciones orales o interpretaciones sobre conducta, rituales, etc., para entender la ley mosaica. Aunque sus posturas eran contrarias al gobierno romano, a la hora de las alianzas en contra de las enseñanzas de Jesús, no tenían problemas en mezclar el agua y el aceite con los saduceos y herodianos. Recuerde: no todo lo amarillo es mantequilla, ni lo rojo es salsa de tomate, por lo que no nos debe impresionar los títulos.

Estos líderes religiosos cuando se lo proponían y estaban frente a Jesús, le buscaban el ombligo a la hormiga (mi opinión) y les gustaba colar el mosquito y dejar pasar el camello. De hecho, Jesús se los advierte, en Mateo 23:23-24: ¡Ay de vosotros, escribas y fariseos, hipócritas! (así como lo lee, no ajuste su lente, les dijo hipócritas) … Porque diezmáis la menta, el eneldo y el comino y dejáis lo más importante de la ley: la justicia, la misericordia y la fe. Esto era necesario hacer, sin dejar de hacer aquello. ¡Guías ciegos, que coláis el mosquito y tragáis el camello! Me encanta el uso de paradoja por parte de Jesús, exprimían lo pequeño y querían realizar lo inverosímil. Creo que en esta amonestación Jesús les tiró una flor…. con todo y tiesto.

Los escribas, así como los enemigos añadidos a mano, siempre buscaban donde encontrar alguna falta a la persona que a ellos no les simpatizaba. Estos buscaban cualquier ocasión para poner en tela de juicio las enseñanzas del Maestro. La Biblia nos enseña diversas instancias donde se validan las intenciones de estos grupos a través de preguntas capciosas y comentarios sin ningún propósito de aprendizaje. Lo intentaron una y otra vez, y la acción de esta mujer sería un tremendo pretexto para lograr, de una vez por todas, descalificar a Jesús como el Mesías. En términos humanos, ¿qué pensarían los líderes religiosos si veían que Jesús tocaba a esta señora, o esta mujer tocaba a Jesús? Para su óptica, la impureza se apoderaba del que fuera tocado, no importaba de quien se tratara y por ende estaba descalificado por la impureza. Un paso en falso y todo se venía abajo, bueno, eso parecía.

> *Hay que ser como un lápiz dejando huellas en otros, aunque creas que estás a destiempo*

Esta señora nunca pensó en las implicaciones de sus acciones, ella solo pensaba en su milagro, en su toque. Pero, no importa, uno más majestuoso que todos los problemas y las adversidades estaba allí y ni el mismo infierno detendría la marcha victoriosa del Todopoderoso. Esta señora, sin querer o queriendo, y por la obra salvífica y el propósito eterno de Dios, dejaría de ser la intocable para pasar a ser la nombrada en el cuadro de honor de la gente que se atrevieron a caminar por fe y tener una cita con la fe. Ella tocaría la puerta de la esperanza, convenciendo primero a su mente de que su vida cambiaría para bien.

La fe de ella no era de cartón, y mucho menos una fe fingida, sino de verdad, a tal grado, que hasta el día de hoy nos anima su historia de fe. Deja de ser la intocable, para convertirse en aquella que nos toca aprender sobre su fe. Una mujer que superaría todos los obstáculos más complejos y adversos. Ella mostraría con su vida, cómo Dios puede hacer fuego hasta de las cenizas y que, en medio de la injusticia, siempre reinará la justicia de Dios. Nuestro Dios es capaz de convertir aquello que parece inservible en una obra de arte. Es el mismo que convierte piedras de carbón en diamantes, solo falta que veamos la joya que hay dentro, que fue puesta por el Dios y que será pulida y cortada por los procesos divinos.

Así como en el ministerio de Jesús sobraban aquellos que trataron una y otra vez de que no sucediera lo propuesto por el Padre, y obraban de forma injusta, lo mismo ocurrirá en nuestra vida en momentos específicos. Nos encontraremos con aquellos que permiten que la injusticia salga de paseo y tratarán por todos los medios de que no alcancemos aquello que fue conquistado por Jesús. Aférrate a la fe, no escuches las voces que hacen mucho ruido, pero no tienen sustancia espiritual. No permitas que el peso del legalismo sin fundamento bíblico dirija el rumbo que Jesús ha trazado para ti.

4

PERDONE SEÑORA, ¡LA FILA ES AL FINAL!

Pacientemente esperé a Jehová. Y se inclinó a mí, y oyó mi clamor. Salmo 40:1

A veces sentía pisotones en sus delicados pies. El polvoriento suelo se levantaba como torbellino al movimiento de la multitud, lo que nublaba su vista. ¿Dónde está ahora? ¿lo he perdido de vista? Surcaban las preguntas en el campo donde los pensamientos convergen. Cuando pudo incorporarse nuevamente la mujer, hizo un esfuerzo para levantarse de puntillas entre la muchedumbre y calcular a cuantos cuerpos estaba de su meta. Un poco más y llego al borde, ¡un poco más!, se convencía ella misma, pensamiento que la aferraba con vehemencia a las pocas fuerzas que físicamente tenía.

Lucas 8:40-56 narra este hermoso pasaje de la fe. Jesús había estado en la región de Gadara y allí había liberado a un hombre que sufría opresión de demonios. Hay una multitud que aguarda a Jesús con gozo y expectativa, entre ellos un hombre llamado Jairo. A diferencia de la intocable, al principal de la sinagoga le conocemos el nombre. Era un hombre importante para aquella región.

Ahora analicemos el texto desde la perspectiva de Marcos 5: 21-24: "Pasando otra vez Jesús en una barca a la otra orilla, se reunió alrededor de él una gran multitud; y él estaba junto al mar. Y vino uno de los principales de la sinagoga, llamado Jairo; y luego que le vio, se postró a sus pies, y le rogaba mucho, diciendo: Mi hija está agonizando; ven y pon las manos sobre ella para que sea salva y vivirá. Fue, pues, con él; y le seguía una gran multitud, y le apretaba. Pero una mujer que desde hacía doce años padecía de flujo de sangre..." Despacio, pero preciso; en primer lugar, Jairo era un hombre de importancia en el tiempo de Jesús, pues era un principal de una sinagoga. Las sinagogas, eran los lugares de asamblea o reunión para estudiar la Ley, donde cada "shabbat", o día de reposo, (sexto día comenzando a las 6:00 pm), los judíos acudían.

Las sinagogas surgieron luego del exilio de Israel a Babilonia y en respuesta a la destrucción del Templo de Jerusalén, algo que ocurrió más de 500 años antes de Jesús. Y aunque existía el Templo de Jerusalén para el tiempo de Jesús, las sinagogas seguían funcionando como centros de instrucción de la ley. Cuando mencionamos la ley, estamos hablando de todos los mandamientos y ordenanzas que Dios le dio a Moisés para el pueblo de Israel. Era sumamente importante para la vida religiosa de aquel tiempo presentarse el día de reposo a la sinagoga y estudiar la ley. El principal de las sinagogas eran una especie de responsable administrativo de la sinagoga, posición muy respetable en aquel entonces.

Segundo, la Biblia dice que Jairo se postró, y con esto no pensó en el alto costo que conllevaba la acción de reverenciar a Jesús, pues la ley establecía que solamente a Dios debía adorar. Aquel padre removió de su mente cualquier pensamiento que detuviera lo que su corazón gritaba: ¡Este es el hijo de Dios y el Mesías prometido! Acá entre usted y yo, Jairo podía pensar que su posición en la sinagoga abriría las puertas de par en par, y que solamente bastaría una petición que saliera de su boca para que Jesús se moviera al chasquido de sus dedos. Como quiera, a la hora de la verdad, él había de encontrar a Jesús y abiertamente solicitar un milagro para su hija, que estaba agonizando, conforme a la escritura.

> *La adoración comienza con un proceso interno, el externo se da como consecuencia*

Tercero, tomando en consideración el orden de encuentro, Jairo hacía el primer turno, los demás que esperaran en la fila a que Jesús proveyera para su necesidad. A lo boricua, diría "al que madruga Dios lo ayuda" (esta expresión no es bíblica), es solo un dicho pueblerino. Hay veces que creemos que el reino de Dios funciona de esa forma. Podemos cuestionarle a Dios la cantidad de tiempo que hemos estado pidiendo por algo, pues pensamos que, si llevamos más tiempo que otros, seremos los próximos en ser atendidos. El tiempo de Dios no se basa en cronómetro, ni horas, minutos o segundos. La voluntad de Dios no se puede medir, pues él trabaja en el plano de lo eterno, de lo que no es manejado por el factor tiempo terrenal.

Ahora Jairo le ruega a Jesús que vaya a su casa para que sanara a su única hija que estaba muriendo. Y conforme a la escritura de Marcos 5, Jesús siguió a Jairo, junto con sus discípulos. Presumimos que Jesús, al escuchar esta petición, se encaminaba para la casa de Jairo. Aquel principal de la sinagoga se olvidó que la mayor parte de sus compañeros de milicia religiosa no creían en la divinidad de Jesús. Pero la desesperación de Jairo hace que espere a Jesús en la orilla, confiado en las credenciales de su posición y le ofrece a Jesús su casa como sala de operaciones. La esperanza de vida de esa niña estaba allí, de camino, a la distancia entre Jesús y su casa.

Jairo podía sentirse nervioso al no saber nada de su única hija. Trataría de apresurar al maestro para que pudiera llegar a tiempo. Posiblemente en estos momentos de espera, solo pensaba en cómo la sonrisa de su hija se apagaba por la dolencia que la aquejaba. Él mismo le admitió a Jesús que su hija estaba grave. ¡No era justo que una niña que estaba empezando a vivir y disfrutar, quedara al margen de una enfermedad que quisiera acabar con su vida! Pero, al leer esta historia nos damos cuenta de que no se trataba solo de Jairo y su hija, sino que hubo una mujer que interrumpió el trayecto que llevaba el principal de la sinagoga.

Ahora bien, cuando hay alguien que decide adelantar su turno, sin hacer fila o esperar, eso nos encebolla el hígado, bueno, por lo menos a mí. Si eso no lo inquieta, verifique su sangre, a lo mejor tiene escarcha y no se lo han dicho.

Alguno de nosotros cuando identificamos las personas que no respetan turnos, que quieren ser atendidos sin esperar debidamente por aquellos que llegaron primero, nos referimos a ella con palabras folclóricas como: colones, piña colada, descendientes de Cristobal Colón, o cariduros de Fajardo (si vive en PR me entenderá). A uno le da una ira, y no muy santa. Eso le podía pasar por la cabeza a Jairo cuando alguien se adelantó en el trayecto que ya había iniciado con Jesús de camino a su casa.

Despacio, analicemos: Jairo estaba pagando un precio sumamente alto al procurar a Jesús, ya que podía conllevar su expulsión de los grupos religiosos. Jairo se quedaba sin sinagoga, sin nombre y prestigio, si decidía acercarse a Jesús. Eso podía explicar por qué Nicodemo, un doctor de la Ley buscó a Jesús de noche (Juan 3). Pero a Jairo no le importaron las implicaciones a largo plazo, él pensó en la inmediatez de una hija enferma y allí, delante de él, estaba la sanidad personificada: Jesús. Analicemos, lo que la mayor parte de nosotros razonamos sobre esta situación.

Primero, aquí no se estaba respetando la jerarquía religiosa de Jairo, ni tampoco el hecho de que Jairo había sido el primero en llegar a la orilla a encontrarse con Jesús. El hecho de que alguien se interpusiera en el camino para atrasar a Jesús no era justo, en términos humanos. Una niña agonizante tenía prioridad, ya Jesús está en camino con su padre, quién se atrevería a demorar este encuentro. Lo que ocurrirá con la mujer del flujo de sangre, podía cambiar la ecuación por completo. Lo explico: El hecho de que esta mujer sufriera una enfermedad que la catalogaba de impura, conllevaba la aplicación de la ley mosaica de separación al que había tocado al impuro, o sea, se suponía que el Maestro no podía llegar a la casa de Jairo, luego de haber sido impactado por esta señora.

La ley decía que el cuerpo o cosa que tocara la impura, inmediatamente adquiría la impureza, fuera lo que fuera. Jairo sabía que Jesús conocía la ley y los procesos de purificación. ¿Por qué exponer a una niña a más suplicio del que estaba pasando, o sea, que además de agonizante, ahora la expondría a la impureza?. Esto es mucho con demasiado.

Jesús conocía muy bien lo que era la purificación y su uso en la cultura judía. De hecho, el primer milagro de Jesús fue cuando convirtió el agua en vino y se utilizaron seis tinajas que estaban destinadas a la purificación (Juan 2:6). Entiendo que Jairo sabía que el Maestro era reconocido por su conocimiento de la Escritura. Pero una cosa es con guitarra y otra con violín, Jairo, que posiblemente estaba tratando de buscar cómo resolver la sanidad de su hija, ahora tiene que apaciguar su mente debido a las complicaciones de un acto de impureza.

Pero si Jairo quería experimentar un milagro, no podía darse el lujo de establecer las pautas, sino solo creer. Ahora Jairo tendría su cita con la fe, pero la fe de éste, a diferencia de la fe de la mujer intocable, tendría un elemento diferente. Jesús expresaría una palabra de fe, que sabía que Jairo necesitaba. Hay momentos en que Dios susurra alguna palabra de esperanza en medio de nuestro desierto, de nuestra crisis. Algún mensaje que llega a nuestros oídos de expectativa en lo sobrenatural, que no estamos puestos para el problema, sino para Dios. Que el Dios que le servimos no dejó para siempre a José en la cisterna, ni dejó eternamente a Daniel en el foso y, por lo tanto, no nos dejará a nosotros, más allá de su propósito. Lo que hoy es prueba, mañana será refrigerio y testimonio.

5

EL BORDE QUE ABORDÉ

Lo único que está fuera del alcance de Dios es aquello que no está en su voluntad.

Su cuerpo inclinado y postrado, rendido en posición de adoración, rostro en tierra. Aquel cuerpo débil había vencido todo obstáculo que se pudo haber cruzado en su camino. Ahora, el dedo índice de su mano derecha estaba estirado, en dirección a su destino final. Su mano temblorosa era testigo de la condición delicada de un cuerpo enfermo por años. ¡El borde, el borde, es mi meta!, convencidas las manos y los ojos para que actuaran a favor de lo que quería. El impacto instantáneo recibido contrastaba con el toque de aquella suave tela.

La mujer intocable de Marcos 5 se propuso tocar el borde del vestido del Maestro. Ella tenía propósito y meta, todo estaba estructurado en su mente y aunque no tenía mucha fuerza, tenía determinación. ¿Ahora bien, porqué tocar el borde del manto de Jesús? Analizaremos una postura interesante acerca del manto que utilizaban los judíos a la hora de presentarse ante Dios. Para el tiempo de Jesús se utilizaba un manto de oración o "talit" en hebreo. Hasta el día de hoy, los judíos prácticos, a la hora de orar, cubren su cabeza con un manto de oración y se mueven de derecha a izquierda o se inclinan hacia adelante. No se mantienen quietos, pues postulan que ante Dios nadie puede quedar recto.

En la Biblia, el libro de Número 15:28 y 39 dice: "Habla a los hijos de Israel y diles que hagan franjas en los bordes de su vestido por sus generaciones y pongan en cada franja de los bordes un color azul. Y os servirá de franja para que cuando lo veáis os acordéis de todos los mandamientos de Jehová para ponerlos por obra." Esas franjas azules no solamente se usaban en el manto de oración, sino que también se utilizaron en el diseño de la bandera de Israel cuando se establecieron como nación en el 1948. ¡La bandera de la nación de Israel es un manto de oración! Eso explica la cobertura de Dios hacia este pueblo.

Desconozco si esta señora reconocía lo que implicaba el borde del manto, pero una sola cosa sé, que ella quería activar el botón de la virtud. No era una cuestión de toque físico sino espiritual, pues abriría la bóveda de los tesoros celestiales que otros, que lo tenían a la disposición, no se atrevían hacerlo. Esta señora recibió una cita con la fe y tenía la reservación confirmada. La invitación del Padre de forzarlos a entrar a los marginados, desvalidos, había sido hecha a través de la parábola de Lucas 14:23. Jesús había dicho: Todo lo que el Padre me da, vendrá a mí, y al que a mí viene, no le echo fuera (Juan 6:37). Esta señora había recibido en su espíritu una invitación a disfrutar a manos llenas del manjar de la gracia de Dios. Por fin se acercaría a alguien que no la rechazaría, era lo que cruzaba su mente, era su norte y su brújula solo marcaba una dirección.

La enfermedad de esta señora a todas luces podía producir mareos, debilidad, visión borrosa y una serie de afecciones que lo menos que hace es invitar a caminar a quien lo porta. Esta mujer, lejos de quedarse en su morada a llorar sus penas sola, se levantó, con las fuerzas que en momentos como éste, salen de un cuarto secreto que todos poseemos que se llama fe, a veces la identificamos como esperanza. A través de la fe había transicionado de la angustia a la expectativa, de estar derribada por las circunstancias a estar respirando con la convicción de que su situación cambiaría, pues una fuerza interior la estaba fortaleciendo.

En el 2016, tuve la oportunidad de viajar a Constanza, República Dominicana, junto con un grupo de jóvenes de la Iglesia Templo Pentecostal de la AD de Hato Tejas, Bayamón. Constanza es un lugar hermoso en la parte norte de la amada República Dominicana. Dios nos había hablado, en uno de los retiros de oración del grupo, y nos dijo: "los voy a sorprender". Literalmente Dios nos sorprendió, pues éste es uno de los viajes misioneros de corto plazo a los que he visto la provisión y las sorpresas de Dios. Desde el momento en que nos íbamos a embarcar en un Ferry, que no llegó, hasta las gomas reventadas del carretón de las maletas que nos detenía en nuestro camino. Una y otra vez, algo nos detenía, pero aprendimos que, si por alguna razón la marcha no fluía, había llegado el tiempo de evangelizar en ese lugar. Comprendimos en ese contexto el pasaje bíblico: "todo obra para bien".

Evangelizamos por el sector donde ubicaba la iglesia y lo curioso del lugar es que todas las puertas de las casas estaban abiertas de par en par. Fue un ritual detenernos en las puertas y decir: "Buenos días, Dios les bendiga", y acto seguido escuchar alguna voz invitándonos a entrar. Una tarde, no fue la excepción, pero no escuchamos la invitación a entrar. Dos jóvenes me acompañaban y la persona de la iglesia anfitriona de Constanza, no entró con nosotros, solo aguardó afuera. En una sala modesta veo una señora, con mirada fija a la ventana, un radio cerca de ella que estaba emitiendo música instrumental. Me presento como visitante y trato de hablar con la señora, pero aquello se convirtió en monólogo. De momento, la radio que estaba en la sala de aquella casa comenzó a emitir un sonido diferente.

Se anuncia un programa radial de una iglesia. El sonido hizo que esta señora pestañara y para mí fue la oportunidad para decirle: Señora: Dios nos ha traido a este lugar porque tiene trato con usted. Acto seguido, se escucha la voz de un hombre que dice: No es casualidad que estés escuchando este programa, porque Dios tiene trato con usted. La señora me mira, yo la miré y le dije: Somos como barro en manos del alfarero y Dios quiere trabajar con nuestras vidas. Sin mucho tiempo de diferencia, el locutor de la radio dice: Como barro en las manos del alfarero, así Dios quiere trabajar con su vida. Abrí los ojos como múcaro en luna llena y dije: ¡Oiga señora, o me hace caso a mí, o le hace caso al de la radio, porque estamos diciendo lo mismo! La señora me miró y ya su mirada no estaba perdida, sino fija. Le pregunté si quería que orara por ella y ella accedió.

Cuando yo puse mis manos sobre aquella vida, una electricidad, mayor que 100,000 voltios (para mi) corrió por mi cuerpo, desde la coronilla de la cabeza hasta la planta de los pies. Era la sensación de una llama que no se consumía, pero que no era gravosa, ni quemaba. Era la presencia del toque de Dios, un toque sanador que era necesario en aquella casa. Dios estaba preparando el corazón de aquella señora para que recibiera el desafío de fe y de perdón. Ante esas corrientes que sentí, entendía que moriría y que me recogerían en pedazos, pero a la misma vez no quería salir de aquella sensación de gloria que estaba experimentando.

> Eres llamado a perseguir los sueños de Dios,
> no a ser alcanzado por los miedos y temores

Le pedí al Señor que le dejara sentir a la mujer la misma sensación que a mí. Cuando pude abrir mis ojos, agradecí a Dios por su presencia y me encaminé hacia la puerta. Pero, Dios tenía otros planes, y si le ha pasado lo mismo, le digo: ¡Bienvenido a los programas de Dios donde lo inadvertido puede ocurrir! Dios habló a mi corazón y me dijo: voltea donde ella y le dices que hay una palabra que ella ha olvidado y que debe retomar: ¡Es la palabra perdón! Esto era una gran prueba de fe, pero aquella mujer recibió lo mismo que el joven rico de Marcos 10, una mirada de fe y de amor, antes del desafío que Jesús les haría. Esta señora había experimentado una gran prueba, donde había perdido un ser querido y ella conocía a los que había provocado un gran mal a su vida. Ahora Dios le estaba pidiendo que perdonara.

La intocable tenía que cobijarse bajo el manto del Maestro, pero eso no era solamente un acto humano, primero un acercamiento espiritual. Esta mujer no pensó en ella, desde el punto de vista de como se sentía en ese momento, sino como se sentiría cuando lograra su propósito. Se embarcó en el viaje de las imposibilidades, sin motor, ni vela, ni tampoco brújula. Ella creyó que había una fuerza que sostenía esa embarcación y como un hilo conductor, invisible, insonoro, pero de vez en cuando se dejaba ver una cintila de luz. ¡Allí frente a ella estaba el milagro, solo faltaba alguien que creyera y estirara la mano en señal de fe, confiando que lo recibiría!

6

EL TOQUE DE GRACIA

Cuando me queje de estar fatigado y mis manos quiera levantar en señal de derrota, Jesús, enséñame tus manos

Su mano temblorosa se aquietó y una fuerza nunca antes experimentada sintió y presenció cómo las energías llenaban cada centímetro de su ser. Aquel cuerpo frágil respondía de forma vigorosa que la llevaron a levantarse con rapidez y esconderse, como niño que ha encontrado un tesoro y no quiere ser hallado. Ahora disfrutaría del descanso deseado, pero con todas las fuerzas del mundo. Por fin...lo logré. Logré lo que me propuse, fue un susurro esperanzador.

El toque de Dios hace la diferencia y convierte la tristeza en gozo. La intocable reconocería que aquel toque era algo especial, era divino, no dirigido desde ella hacia Jesús, sino del cielo hacia ella. Había llegado el día de la visitación, donde la fe era la llave de la gran puerta que se abrió, no solamente para esta mujer, sino también para Jairo. Este testimonio sería un anticipo de lo que más tarde él experimentaría. Hay momentos en nuestra vida donde Dios nos permite escuchar testimonios que serán como semillas en la cosecha de triunfo que Dios nos permitirá cultivar.

Las estrategias de Dios son maravillosas, desconocidas en su mayoría por la lógica humana, pero asertivas y poderosas. Imaginemos las fichas del tablero divino, donde no alcanzamos a comprender porque vemos lo cercano, lo que se percibe en el plano humano, pero no visualizamos lo celestial, en la inmediatez de nuestro paso terrenal. ¡Miremos con los ojos de Jesús, sintamos con su corazón, ese latir que nos anuncia que todo está divinamente controlado por Dios! Esto es cuestión de resistencia y descansar en los poderosos brazos del Dios del cielo.

La palabra fe, en el idioma hebreo es *"emuna"*, que sugiere estar sostenido a una base sólida. Del vocablo *emuna* proviene la palabra amén que significa así es, o así sea. La fe es decir sí a la verdad de Dios. Es vivir en una roca firme que se sostiene en la solidez de Dios y su propósito. Fe es saber que Dios hará eso que Él ha dicho que hará, sin importar las circunstancias que veamos en el exterior. ¡Fe es convencer al exterior, lo que en el interior ya es una realidad! Fe es el fruto de la savia de Dios en nuestras vidas. Es un silencio interno que molesta a la duda. Es una melodía que ha sido compuesta por el Dios del Universo, que se toca en el pentagrama de nuestras vidas, cuando queremos cantar al unísono con su propósito.

Si esta señora no tuviera una autoestima saludable, fácilmente sería una paciente de depresión severa. Sin familia, sin amigos, sin salud, sin dinero. La fórmula perfecta para la tristeza terrenal. Antes del milagro, la copa de la vida de esta señora estaba desbordada, la fatalidad y la angustia había hecho morada en su entorno. Era una convención de problemas que tenía como invitada a la pena y como oradora principal a la tristeza. La angustia y la desesperación la velaban como guardaespaldas. ¿Le resulta familiar ese corillo y le ha ocurrido a usted que se juntan todos lo problemas y viene pegados como velcro, y uno no sale de una para meterse en otro problema? Nuestros pensamientos creen que esos problemas no tienen fecha de caducidad y que son una mancha de plátano y no hay detergente que los despinte. Existe el remedio, la única sangre que no mancha, sino que quita el pecado, la sangre de Cristo a través de la aplicación de lo que El hizo en el calvario. Ella estaba en el lugar perfecto, a la hora exacta para ser espectadora y participante de lo que Dios haría en su vida.

Podía estar débil físicamente, pero su fe era inquebrantable. Se podía sentir frágil en su cuerpo, pero tenía una meta alcanzable, tocar el borde del manto de Jesús. El propósito de Dios es bendecir al ser humano. Ella no tenía otro destino, sino el que su fe le había trazado. ¡Eso haría la diferencia! En ese momento se mezclaba la necesidad de milagro, el propósito de Dios, la convicción y expectativa con un resultado maravilloso.

¿Le ha pasado a usted, que quiere estar solo, pero no quiere sentirse solo? No queremos la gente cerca de nosotros para que nos hablen, pero anhelamos que nos digan algo.

Es una dicotomía de pensamiento, conceptos opuestos que experimentamos en algunos momentos. Es algo como si, pero no, o un no, … pero sí. Los pensamientos depresivos aíslan, te llevan a mirar desde una óptica oscura y desde esa visión ves todo negativo. Elías, el profeta, experimentó un tipo de depresión, donde él creía que había quedado solo y decidió meterse en una cueva. Primera de Reyes 19:4 dice: El anduvo por el desierto, un día de camino y vino y se sentó bajo un enebro, pidió morirse y dijo: Basta ya, Señor, toma mi vida porque yo no soy mejor que mis padres. Esto es importantísimo, pues él estaba tan agobiado por el pensamiento que estaba experimentando que no se estaba dando cuenta de cómo Dios había provisto comida en dos ocasiones, a través de un ángel. Su mente solamente estaba en como se sentía emocionalmente, no como Dios estaba cuidando de su vida. Hay personas que se han acostumbrado a su situación pasajera, le han tomado cariño y se predisponen a decir que salen de Malacia para llegar a Desgracia. No se percatan que hay un mañana, que lo mejor que Dios hizo fue un día después del otro, que el Dios de los milagros sigue estando en el mismo lugar donde ha estado, que él es el mismo ayer, hoy y siempre. Dios hará lo sobrenatural, pero lo natural lo tenemos que hacer nosotros y es, en este caso, creer. Dicho de forma sencilla, cuando sabemos que lo que necesitamos proviene de Dios debemos quedarnos quietos y esperar a ver lo que Dios va a hacer.

Imagine esta escena, cientos de personas tratando de llegar donde estaba Jesús, la gente se apiñaba o aglomeraba para acercarse al Maestro y posiblemente gritaban el milagro que deseaban que Jesús sanara. Como la cabeza no se hizo para sostener sombreros, ni para ponerse hebillas, en el caso de las mujeres, todos tenemos la capacidad de imaginar, ahí les va la mía. Pedro el impulsivo (sí, aquel que cortaba oreja y preguntaba después), posiblemente trataba que las personas no siguieran empujando. Eso representaba que si se acercaban a Jesús se aproximarían a ellos. En muchas instancias bíblicas vemos como los discípulos tratan de apresurar a Jesús indicándole que despidiera a la gente. Quizás las multitudes los abrumaba, pues donde ellos veían problemas, Jesús visualizaba soluciones. Eso ocurrió en la multitud que Jesús atendió en Marcos 6 y Juan 6, que las vio como ovejas que no tenían pastor, mientras los discípulos los veían como problemas para atender. Y Jesús, en lugar de hacerles caso a sus discípulos (¡que bueno!), lo que hace es sentar a la gente e invitarlos al almorzar.

Me imagino a Pedro, Jacobo y Juan, mirándose con cara de: No entiendo y mucho menos entenderé, o sea, perdidos en el espacio. Buscaban en sus cabezas qué palabras utilizar porque lo que le pedían a Jesús, era lo contrario a lo que él hacía. Una multitud con expectativa de comer y la alacena vacía. Jesús vio aquella multitud satisfecha con los ojos de la fe, solo faltaba que alguien entregara el ingrediente para el milagro. Jesús sabía que entre aquella multitud había un niño con cinco panes y dos peces. Jesús envió a sus discípulos a buscar panes en medio de la gente. Cuando hay hambre el sentido del olfato se agudiza, y yo no sé si ellos localizaron al niño por el olor a pescado o

> *Muchas veces nuestras lágrimas no nos permiten ver a cabalidad la majestuosidad de la creación de Dios frente a nosotros.*

por los panes, o simplemente en un acto de agradecimiento, aquel niño entregó su pequeño almuerzo. Jesús nos va a pedir algo que tenemos, porque él sabe que está allí.

Nosotros somos los que andamos sufriendo penurias buscando en nuestras estrategias la respuesta cuando está ante nuestros ojos, lo que necesitamos. La necesidad sería satisfecha con lo que allí estaba. No había que dividir el átomo, ni buscarle la raíz cuadrada al cinco. Era tan sencillo como obedecer la simpleza de las instrucciones de Jesús: ¿cuántos panes tenéis?, había preguntado Jesús. Si Jesús dijo "tenéis", significaba que él sabía que tenían. Jesús nos pedirá lo que sabe que nosotros tenemos, así de sencillo, no se complique la vida ni se haga un ocho al revés, pues al final su voluntad será la diferencia, fluya en el proceso de Dios.

Pero hay momentos que la ansiedad por los problemas, nos hacen torpes, que no escuchamos lo sencillo, que nos ahogamos en un vaso de agua, que hacemos una tragicomedia de lo cotidiano. Jesús hizo el milagro con los panes que aparecieron. Él no les exigió cantidad, solo que se movieran en fe de encontrar aquello que existía, aquello que estaba en medio de ellos. Les tocaba a los hombres hacer su parte, lo sobrenatural lo haría Jesús. De igual forma pasa con nosotros. Pensamos que tenemos que obtener credenciales y ministerios probados para experimentar milagros, pero en lo cotidiano, en el quehacer diario, allí donde abundan los panes de la fe, hay suficiente para la multitud de dudas que podamos representar. Así como Jesús multiplicó los panes y peces y sobraron doce cestas llenas, así hará con nosotros, pues nos da mucho más abundantemente de lo que pedimos o entendemos. Somos los medios que Dios utilizará para canalizar milagros.

Aquella mujer conocía que era lo que cubría a Jesús; allí había palabra, había milagros y sanidades. No era solo tocar la tela que cubría el cuerpo del maestro. La mujer logra tener acceso a la bóveda de los tesoros de Dios, a la puerta de la majestuosidad de los milagros que se abriría de par en par sin limitaciones. Aquella mujer que toda su vida había recibido desprecios, carencia, ahora tiene de par en par, sin limitaciones todo para ella, todo cuando pudiera imaginar. Así de sencillo, la fe activa la mano de Dios, por el hecho de que Él lo dijo, debemos darlo por hecho.

Eso no va a depender si usted lo entienda o no, sino que está cimentado en que Él lo dijo y punto ¿así o más claro? ¿qué clase de fe tenía Jairo? ¿y la fe de esta mujer de qué estaba hecha? Yo creo que fue preparada por material celestial, y es la fe que Dios deposita en cada corazón, solo que hace falta activarla. La Biblia dice que la fe sin obra es muerta (Santiago 2:17), por lo que no solo basta la fe, hay que accionar y esta mujer sabía que al estirar la mano no quedaría vacía, algo ocurriría.

7

HERMANITA, ¿QUÉ TENÍA?

Antes de marcharse al cielo, Jesús garantizó que a los que creen en su nombre le seguirían sus señales

Las miradas de todos los presentes se posaron en aquel lugar, donde los ojos tiernos del Maestro observaban fijamente. Los que estaban frente a esta mujer, como si hubiesen recibido una orden celestial, se movieron sigilosamente, abriendo el camino a la expectativa. Si antes esta mujer había recibido las miradas penetrantes de aquellos que la estigmatizaban, ahora solo sus ojos estaban atentos en aquel que esperaba por ella. Nunca sabría si lo hizo por temor o producto de lo que había recibido, ella daría por gracia, lo que por gracia había recibido.

El evangelista Yiye Ávila, un hombre de Dios impresionante, tenía de costumbre entrevistar a las personas que habían recibido milagros en sus campañas evangelísticas en diversos lugares del mundo. Utilizaba el mismo estribillo: "hermanita o hermanito… ¿qué tenía?", con énfasis en el verbo tener en tiempo pasado. Esto hablaba de que él entendía que Dios ya había hecho el milagro antes de que la persona testificara. Me imagino a Jesús, luego de detener su marcha y de advertirle con vehemencia a sus discípulos: aquí hay que hacer un alto... "alguien me ha tocado". No se trataba de un toque humano, alguien había activado el botón de fe y virtud, ahora el autor y consumador de la fe lo sabía. Posiblemente Pedro mira a Juan y a Jacobo con asombro, haciéndole más señas que un guardia de tránsito, trata de entender algo fuera de su alcance humano.

O sea, explícame con mapa y GPS (Global Position System) para comprender cómo una multitud compacta, donde uno sentía la respiración en la nuca de los demás, ahora alguien dice que lo habían tocado. ¿El calor del día había abrumado a Jesús y estaba alucinando, o simple y sencillamente los discípulos estaban más perdidos que una cucaracha en un baile de gallinas, como decía mi abuela? O sea, para ver, si yo capté bien y ellos entendieron lo mismo que yo, busquemos la calculadora y sumemos: Jesús + discípulos + cientos de personas que buscaban milagros + caminos angostos + fariseos + saduceos + escribas + todos aquellos que no les gustaba que le contaran y querían ver por sus propios ojos es igual (=) a multitud de gente compacta donde los pisotones, empujones sería la orden del día.

> *Solo su gracia basta, lo demás es lo de más.*

¿Qué se esperaría de una situación con esos factores y a quién se le ocurriría decir que alguien lo había tocado? ...Pues a Jesús y con toda la razón del mundo, pues ese toque no era común. Eso no fue un toque de afuera hacia adentro, sino de adentro hacia afuera, del cielo a la tierra. La señora en fe abrió la puerta de la gracia salvífica y sanadora de Jesús y por consiguiente sustrajo lo que por gracia se le había concedido. Allí estaba y sigue estando para el que lo quiera recibir, solo basta creer.

Los judíos, al igual que nosotros los latinos, usamos mucho lenguaje no verbal. Ante la aseveración de Jesús que alguien lo había tocado, yo me imagino a los discípulos encogiéndose de hombros, mirando hacia al lado y con sus labios señalando a quien podía tener la respuesta. Con un mover de cabeza por no conocer la respuesta y con el vaivén de la barbilla hacia arriba concluir que debían seguir hacia adelante porque Jairo está esperando.

Ni Caifás, ni Pilato pudieron dar un alto al trayecto que el Padre había establecido a su hijo Jesús, pero esta señora logró detener por un periodo de tiempo su marcha camino a casa de Jairo. El Maestro no se movería de allí hasta saber quién lo había tocado. ¿Por qué Jesús detendría su caminata? Veamos esto más detenidamente, la Biblia dice en Mateo 4:23 que Jesús sanaba toda enfermedad y toda dolencia entre los del pueblo. No conocemos todos los testimonios de gente que recibieron estos milagros, entonces… ¿Por qué escuchar el de una mujer, ya que esto tomaría tiempo y Jairo aguardaba? Y a esto añádale lo que dicen por ahí; que nosotras las mujeres hablamos el doble de lo que hablan los hombres, esto supondría otro problema con el factor tiempo. Por lo menos a mí, no me han entrevistado con relación a si hablamos más o menos, pero en fin, no nos detendremos en esa premisa si es verdad o no, pero ¿sabía Jesús quién lo había tocado? Bendito sea el Señor, segurísimo que sí, pues no están nuestras palabras en nuestra boca, he aquí que él las sabe. (Salmo 139:4). Jesús le da la oportunidad a esta señora para que comenzara el culto de testimonio. De ahí conoceremos cuanto tiempo de aflicción experimentó, lo que había gastado y cuando ocurrió el milagro.

Hoy día dependemos de esos mensajes motivacionales, tales como "Dios está contigo, no temas". Debemos recordar el entorno de esta mujer, no era del siglo veintiuno, sino a principios del primer siglo de la era cristiana, donde las mujeres no tenían acceso ni a los rollos de Escritura. Dependía de la voz interna del Dios que la creó. Ella conoció el sonido diáfano del silencio contundente de la espera en Dios. Esa fe que se mueve en lo incierto y se revela en lo invisible. Ese mismo sonido fue el que sostuvo a Jesús en la cruz cuando lo estaban injuriando y crucificando, mirando el público invisible que aceptaría su perdón, y lo sigue aceptando a través del tiempo. Posiblemente esta mujer en su soledad había afinado sus oidos para descifrar el sonido de la fe.

El Dios que yo le sirvo se especializa en hablarnos en la quietud, en manifestarse en la nada, en hablarnos al corazón, en revelarnos en la esfera interior, para que luego lo veamos en el exterior. Es a la inversa de lo que estamos acostumbrado. El orden de Dios es convencer nuestra alma, allí donde residen nuestras emociones, a encaminar nuestra disposición a su propósito eterno. A través de la convicción y espera en sus métodos, podemos visualizar esto en la esfera terrenal. ¡Reciba esto en su espíritu!

Como diría el siervo de Dios Yiye Ávila: "hermanita….
¿qué tenía?" Ahora siéntese cómodo, es hora de regocijo,
es hora de adorar a Dios. Había un factor que había que
tomar en consideración. Esto supondría un paréntesis en
la jornada para llegar a la casa de Jairo. Esto se me parece
a la escena de Jesús cuando recibe la noticia que su amigo
Lázaro estaba enfermo (Juan 11). Si conoce la historia
sabe que Jesús se queda dos días más, no sin antes expresar
que aquello era para la gloria de Dios. Jesús resucitó a
Lázaro luego de estar cuatro días muerto, contra toda
expectativa y esperanza. El testimonio de esta señora era
para la gloria y honra de nuestro Dios y aquello había que
celebrarlo, porque Jesús quería que se supiera. Hay un
milagro que tiene su nombre, ¿es capaz de creer? La
espera tiene un precio, pero vale la pena, pues procede de
él.

8

ME LLAMÓ, HIJA

Puede ser que aquí usted ha recibido lo peor del mundo, pero en el cielo nos espera lo mejor de Dios.

Respiraciones profundas, miradas insidiosas, era lo que se percibía en medio de un grupo de personas que su pretensión era ver lo que hacía el Nazareno. La meta de este grupo de religiosos era concurrir en cualquier lugar donde estuviera aquel que ellos denominaban impostor. Pensaban en sus corazones: ¡Hoy puede ser el día en que encontremos fallas en él, hoy puede ser el día, pues él no es el Hijo de Dios! Para asombro de todos, el Hijo de Dios ahora llamaría Hija a aquella que solo conocía el abandono y la soledad.

Mateo 9:22: Pero Jesús, volviéndose y mirándola dijo: Ten ánimo, hija, tu fe te ha salvado. Marcos 5: 34: Y él le dijo: Hija, tu fe te ha hecho salva; ve en paz y queda sana de tu azote. Lucas 8:48: Hija: Tu fe te ha salvado ve en paz. En todas y cada una de estas instancias bíblicas hay un común denominador: Jesús llamó a esta mujer "Hija".

Posiblemente esta señora tenía más edad que Jesús, pero ¿por qué la llamó así y por qué este milagro aparece en estos tres evangelios? Siga conmigo, no se detenga ahora en este párrafo, parece orden, pero es una súplica.

Primero, no todas las acciones y milagros de Jesús aparecen registradas en la Biblia. De hecho, Juan 21: 25, dice: "Y hay también otras muchas cosas que hizo Jesús, las cuales si se escribieran una por una, pienso que ni aun en el mundo cabrían los libros que se habrían de escribir. Amén". Este milagro captó la atención de Mateo, Marcos y Lucas, los cuales expresan en sus evangelios lo ocurrido allí.

¿Por qué ellos escriben estos dos milagros y quiénes eran estos escritores? Es interesante saber que Mateo fue uno de los doce discípulos de Jesús, por lo que podía ver de primera mano todo lo que ocurría en el momento que sucedía. Aunque Marcos y Lucas no estuvieron en el grupo selecto de los doce discípulos, no obstante, consiguieron fuentes que le ayudaron a plasmar lo sucedido. Cada uno en su estilo particular y punto de vista, presentaron el ministerio de Jesús a través de sus escritos.

El evangelio según Mateo está dirigido especialmente a los judíos y presenta a Jesús como el Rey prometido. Desde el capítulo 1, se presenta la genealogía de Jesús a través del rey David, quien recibió promesa de un descendiente rey eterno. Además, Mateo recoge la adoración de los sabios de oriente, que nos habla de un rey que habían llegado a adorar. Mateo 5, recoge las bienaventuranzas de Jesús, que son una especie de reglamentos del reino. Mateo 13, son parábolas o comparaciones con el reino de los cielos, lo que evidencia una y otra vez que la función del evangelista era presentar a Jesús como el Mesías y Rey prometido.

Por otro lado, Marcos les escribe a los romanos, quienes eran hombres de acción, por lo que su evangelio es conciso, sin explicaciones ni referencias proféticas como Mateo, sin parábolas, y excluye enseñanzas que encontramos en Juan. Marcos presenta a Jesús como el siervo perfecto, quien no vino para ser servido sino para servir (Marcos 10:45). Se dice que la fuente de Marcos posiblemente fue Pedro, el discípulo, quien estuvo presente en todos estos milagros y se adjudica que era cercano a él.

Lucas escribe a los griegos, y de los tres evangelistas, era el más preparado académicamente, pues era médico e historiador. Lucas presenta a Jesús como el Hijo del Hombre, por la cantidad de veces que menciona ese título en el evangelio. Siendo que no era discípulo, su fuente la encontramos en Lucas 1:2, "personas que desde el principio lo vieron con sus ojos". Hay comentaristas bíblicos que expresan que posiblemente su fuente fue María, la madre de Jesús. A diferencia de Mateo y Marcos, Lucas era gentil, no era judío, lo que a la hora de la verdad, podría influir en sus escritos al tocar algunos temas, entre ellos el relacionado a milagros a favor de las mujeres. Ya que todos no narraban lo mismo, pues tenían diversas formas de ver las cosas, me llama la atención que todos se sintieron atraídos por presentar esta historia y recoger el hecho de que Jesús llamara esta señora "hija".

II Corintios 5:21 dice: Al que no conoció pecado por nosotros lo hizo pecado, para que nosotros fuésemos hechos justicia de Dios. Había una unidad total entre el Padre y el Hijo y esa es la unidad que Jesús enseñó que debemos tener como él y nuestros hermanos en la fe. Eso nos da la capacidad de saber cuándo hacemos algo que no le agrada, pues conoceremos aún hasta los susurros de Dios. Esto me encanta pues Jesús le enseñaría a los discípulos el acceso al cielo y al Padre, y ellos podían tener la confianza de llamar a Dios, con el título de Padre.

De hecho, eso es lo que hace el Espíritu Santo en nosotros, nos enseña a llamarlo Abba o papito. Con esa misma autoridad Jesús llama hija a esta mujer. Posiblemente ella podía ser mayor que él en edad cronológica, pero delante de aquella que había sido intocable estaba el Dios Todopoderoso, con la capacidad de recibirla como hija. ¡Si los milagros de Jesús descontrolaban a los líderes religiosos, imagine esto nunca antes visto, estaban al borde de un ataque cardiaco!

> Solo el que ha experimentado la gracia, sabe lo que es dar por gracia

Ya sea que usted quiera leer esta historia en Mateo, o en Marcos y si prefiere en Lucas, hay un común denominador. A ambas mujeres Jesús les sana y las llama: hija. Esa expresión maravillosa salida de la boca del Padre celestial, a través de Jesús, arrullaba su alma y las cobijaba contra todo desprecio que pudieron recibir. Hay que tomar en consideración un detalle, tanto la mujer del flujo de sangre como la hija de Jairo cuando murió, eran inmundas ante la sociedad, pues un sacerdote no se podía acercar a un cuerpo muerto. Y aunque en un momento determinado las unía la desgracia, la gracia salvífica de Jesús las levantó de su desprecio y rechazo.

La palabra "hija", no solo era el aliciente que tanto necesitaban esas dos mujeres, sino una dignificación como hijas de Dios. Pero no solamente las llamó hija, sino que ambas sintieron el toque restaurador y sanador de Jesús. En el mundo hay muchas personas que han sentido el rechazo por entender que no fueron deseados como hijos, ni sintieron el amor de padres. Otros, que por circunstancias adversas se sienten como hijos abandonados, aunque han tenido los cuidados familiares. ¡Somos sus hijos, los hijos amados del Padre! Jesús quería pregonarlo y ahora utilizaría estos milagros para perpetuar el amor del Padre hacia sus hijos. I Juan 3:1 dice: "Mirad cuál amor nos ha dado el Padre para que seamos llamados hijos de Dios." No criaturas de Dios, sino hijos de Dios. ¡Aleluya! Como diría el apóstol Pablo: Las aflicciones de tiempo presente no son comparables con la gloria venidera que en nosotros ha de manifestarse. ¡Alguien diga amén!

9

TEN FE, SOLO CREE

Fe es convencer al exterior, lo que en el interior ya es una realidad.

Su cabeza rendida por el cansancio, con mirada perdida en el horizonte, el líder religioso no encuentra, ni en los escritos que conocía, cómo sostener su ánimo. Tembloroso, pues ya han transcurrido varias horas desde que avistó al Maestro en la orilla y todavía no han podido transitar ni un tercio del camino a casa. Levantando lentamente su mirada en medio del polvoriento camino, reconoce una sombra que se va acercando. Era un mensajero que como gacela llega a su lado. "No molestes al Maestro", dijo con voz entrecortada, "tu hija ha muerto", no sin antes lamentar ser vocero de esa trágica encomienda. Aquellas palabras retumbaron hasta los huesos del principal, y aunque conocía la fragilidad de la vida, antes que las turbulentas olas destruyeran la débil embarcación de su esperanza, Jesús, con mirada afable y con voz suave le dice: Ten fe, solo cree.

La aparición de la Intocable es como una historia paralela a lo que los evangelistas narran al principio. En arroz, habichuela, recao y albahaca, la petición de esta señora era como el jamón del sándwich o emparedado. Había un principal de la sinagoga que estaba esperando a Jesús para que tocara a su hija que estaba enferma. Pero realmente, Jairo y esta mujer estaban interrelacionados por la fe, a los dos se les prueba la fe en el mismo momento. Acabamos de celebrar el milagro recibido por la mujer del flujo de sangre, a través del toque del maestro. Jairo podía pensar, luego que Jesús sanó a esta mujer… ¿qué hago con lo que establece la ley sobre los inmundos? Su razonamiento podía ser: Jesús fue tocado por una inmunda, y por consiguiente su impureza se le transmitió. ¿Si mi hija no muere de la enfermedad, quedará inmunda por el toque de Jesús? Esta última era una pregunta válida ante la situación, humanamente hablando.

Pero Jesús tenía que visitar la casa de Jairo, como visitó la de Zaqueo. Jairo recibió un "ten fe cree solamente", para prepararlo al viaje de la fe, ese era el anticipo, el milagro vendría después. Como el principal de la sinagoga, Jairo estaba claro que no iba a renunciar ni un centímetro a luchar como padre de una hija que está enferma. Lejos, en un lugar apartado de su mente dejaría los prejuicios y los argumentos a las interpretaciones. Así como el padre de la parábola del hijo pródigo, que nunca renunció a su rol de padre, así hizo Jairo. Interesante resulta que en la parábola de Lucas 15, el hijo malgastador, luego de su regreso a casa, por vergüenza expresó que prefería que lo llamaran jornalero a ser llamado hijo. Esto hay que analizarlo por parte, como le diría un podiatra a un ciempiés.

Primero, el hijo pródigo estaba tan avergonzado, que quería estar lejos en el campo donde trabajaban los jornaleros, porque recibían un sueldo o jornal por sus trabajos que podían ser contratados por un periodo de días, dependiendo del tiempo de cosecha. Los que trabajaban en la casa no se llamaban jornaleros, sino sirvientes, y existía una ley sobre estos, si decidían quedarse con su amo, luego del año del jubileo, que se declaraban libre a todos los siervos o esclavos. Oiga, quien trae culpa y devalúa al ser humano es el enemigo de las almas, llamado satanás. Dios nos restituye, nos dignifica, nos da el valor del costo que implica nuestra salvación. Aquel padre amoroso de la parábola de Lucas 15 nunca dejó de ser padre y estaba tan esperanzado que el hijo volviera, que ya tenía preparado el anillo, las sandalias y el vestido nuevo. Me imagino a Jesús, diciéndole a Jairo, de forma indirecta a través de un "ten fe, solo cree", Jairo no te quites, no renuncies, lo que has venido a buscar tan lejos, lo recibirás.

> *No renuncies a lo que por derecho de sangre te toca. Cristo pagó para tu seguridad y vida eterna como hijo de Dios.*

Otro dato importante del personaje del padre en Lucas 15, es el hecho de que este posiblemente miraba a lo lejos todos los días a la espera de la llegada del hijo. Conocía su andar, por lo que lo reconocería de lejos. La Biblia dice que este padre corrió al ver a su hijo de lejos. Las implicaciones de correr en aquel entonces no las podemos comparar con un corredor de pista de goma. Además de un camino polvoriento, la indumentaria que portaban los hombres era impedimento para la carrera, por lo tanto, tenían que subirse el borde o ruedo del manto, sostenerlo con sus manos, lo que representa un acto de vergüenza. Llorar y mostrar sus sentimientos en público, no era muy bien visto por esa cultura. ¿Usted cree que el amor que tenía aquel padre por su hijo lo llevaría a razonar lo que estaba haciendo y a frenar lo que su corazón sentía? Mire mi hermano, por menos que eso Mical se avergonzó de David en 2 Samuel 2:16-20, cuando el rey, en un acto de alabanza danzó y mostró su regocijo ante todos los presentes.

Aquel padre amoroso de la parábola, lo menos que pensó fue en él, o en la vergüenza, pues en su mente solo estaba: Allá está mi hijo y necesito correr a él y abrazarlo. Ese es el amor del padre celestial, que no conoce fronteras, ni limitaciones cuando ve a un hijo que se ha apartado del propósito eterno. Si por casualidad usted está leyendo este libro y se encuentra en la clasificación de alejados de la casa del padre, le recuerdo que los apartados están en el correo, ¡corra al Padre que lo está esperando! Volviendo al tema, Jairo se olvidó de lo que establecía la ley con relación a la inmundicia, y corrió la carrera a la cual Jesús lo estaba invitando. Al igual que el padre de la parábola de Lucas 15, Jairo demostró que el amor rompe barreras, y cuando hay propósito salvífico y restaurador, no escucha razones, ni medidas, solo se deja llevar por el impulso de la fe.

A todo esto, también tuvo que esperar a que lo atendieran, como un niño que sabe que hay una recompensa por esperar. Pero esas esperas desesperan, pues uno sabe que está ahí, pero... ¿dónde está el que la puede entregar?, ¿Por qué hablan tanto o dan mucha vuelta? ¿No es más fácil que me lo entreguen y ya? Dios lo quiere a usted en calidad de siervo, no de consejero y el precio por la espera por parte de Jairo era alto, pero valía la pena. La parada de Jesús antes de encaminarse a la casa de Jairo era parte de la prueba de fe. Todo obra para bien, todos pasa por alguna razón, cuando estamos encaminados en los propósitos de Dios.

El amor de Jairo por su hija me llama la atención. No estamos hablando de un varón, sino una niña. En la cultura oriental, al igual que en otras, a las niñas no se les fija un valor equitativo que a los varones. Recordemos que estamos hablando de un pueblo que celebra los nacimientos de los varones en expectativa del futuro Mesías. Ellos preparan desde pequeños a los niños en el conocimiento de la ley y los separan para Dios, esto mayormente se ve en los judíos hasídicos o ultra ortodoxos. No le cortan el pelo que crece cerca de la sien como voto de consagración y rendición y como expectativa de que puede ser el Mesías que ellos esperan. Los judíos, en su mayoría no han creído en la llegada de Jesús como el Salvador, pero en el futuro Dios trabajará con ellos, nuestra responsabilidad es orar por ellos. Nuestro Mesías y Salvador Jesucristo ya vino y volverá. Él lo prometió y yo lo creo.

Aunque Jairo y la mujer del flujo de sangre se entrelazan en la narración del pasaje, ambos contrastan el uno con el otro. Por ejemplo, Jesús le dio a Jairo una palabra de aliento y de fe, mientras a esta mujer no le dijo nada. Además, Jairo tenía un grupo de personas que esperaban por él, en la casa donde vivía, mientras muy posiblemente aquella mujer no tenía casa, ni amigo, ni parientes que procuraran por ella. Jairo habló de frente con Jesús para presentarle su petición, esta mujer recurrió a Jesús por su espalda. Jairo fue identificado por su nombre por los evangelistas, el nombre de esta mujer es desconocido. A pesar de los contrastes, Jesús hace que materiales completamente distintos el uno del otro se pueda amalgamar y mezclar para lograr que esa obra de arte la contemplen hasta los incrédulos.

10

DOCE AÑOS

Solo se tiene una vida y poco dura, lo que haces por Cristo, perdura

Se hacía cada vez más difícil su caminar. Un horizonte grisáceo como ceniza era lo que nublaba su entendimiento. ¿Seguirá viva? Como si una voz intima pudiera convencer su anatomía. En su mente todavía quedaba un destello de un rostro afable y risueño que había adornado su vida durante doce años. Sin saber por qué, ni cuando, ni donde, había sido desviado a un lugar nunca antes visitado, lo esperaba el vestíbulo de la gracia de Dios, solo faltaba que él cruzara el umbral de la convicción, donde el silencio se apodera del lugar, pero las notas melodiosas de la canción escrita por Dios se escuchan cada vez más fuerte en el interior. ¡Sólo déjate llevar por la mano poderosa del Dios del cielo, ven, yo camino contigo, escuchaba sin comprender!

Doce años de edad tenía la hija de Jairo y doce años de dolencia tenía esta señora por la condición de hemorragia hematológica que no es otra cosa que tener un flujo de sangre imparable. Para la cultura judía a los doce años el niño se consideraba preparado para leer la ley. Celebran un ritual llamado Bar Mitzva, tanto en varones como en hembras, para presentar a quienes han alcanzado la madurez personal frente a la comunidad judaica. Es una celebración en grande para ellos, pues los preparan durante un tiempo para que lean una porción de la Ley. La palabra de Dios nos dice en Lucas 2:42, que Jesús se perdió en Jerusalén y lo encontraron oyéndolos y preguntándoles a los doctores de la Ley. Nos dice la Biblia que tenía doce años cuando esto ocurrió.

Me llama la atención el número doce, y a propósito escribí doce capítulos a este libro. Dios, le dijo a Moisés que enviara doce espías a Jericó para ver la tierra que fluía leche y miel, tierra de abundancia. Había doce tribus, con sus peculiaridades, pero representaban a la nación de Israel. Jesús escogió 12 discípulos, quienes recibían instrucciones sobre el evangelio y serían los que testificarían con su vida lo que habían recibido del Salvador.

Doce son los meses del año, por el periodo que tarda la tierra en dar la vuelta al Sol. Veamos esto como algo que tiene fecha de comienzo y de final. Dios no dejó de manera perpetua a José en una cisterna, ni tampoco a Daniel en el foso de los leones. Los jóvenes, Ananías, Misael y Azarías (Sadrac, Mesac y Abed Nego), no permanecieron hasta su destrucción en el horno de fuego. En los propósitos de Dios, aquello que ha sido diseñado para ser parte de la formación nuestra tiene un tiempo de caducidad, tan pronto se logre aquello por lo cual fue preparado.

Doce son las puertas de la santa ciudad de Jerusalén, conforme a Apocalipsis 21, al igual que doce cimientos. Este número, que no es para que lo juguemos en ninguna lotería, ni pega dos, esto nos habla de propósito. En el libro de Apocalipsis se relaciona con redención, Jesús pagó con su vida física para que tuviésemos vida eterna. Mientras que, para la mujer del flujo de sangre, el número doce representaba dolor y sufrimiento, para la hija de Jairo el número doce representaba la madurez, conforme a la cultura oriental. Tiempo de alegría y gozo, esa niña estaría cruzando el umbral de doce años, lo cual la hacía encaminarse hacia la madurez.

> *Debemos ser como niños, que no están ansiosos por saber cómo serán sustentados, solo disfrutan día a día en total dependencia*

Durante doce años la intocable posiblemente contó con unas acompañantes asiduas llamadas pena y tristeza, ahora vivía con ella la presencia de Dios y la reivindicación de su vida. Durante doce años la hija de Jairo había vivido bajo la sombra de un hombre temeroso de Dios, principal de la sinagoga. Ahora, de primera mano, a los doce años, aquella jovencita se convertiría en un testimonio vivo del poder de Dios. No vivía de referencia, ella había experimentado cuán grandes cosas hace Dios en la vida del ser humano.

Hace poco le pregunté a una persona que tiene conocimiento en emergencias médicas, a quién salvaría primero en el caso de tener ante su consideración una niña con una enfermedad, que podía ser curable y una señora a la que no se le podía acercar por lo contagiosa de su enfermedad. La persona meditó y me dijo: "como paramédicos nos enseñan que el que tenga más expectativa de vida es al que se le debe dar prioridad." En otras palabras, en un cernimiento o *triage*, se establece lo que son las urgencias, emergencias y enfermedades casuales, si se les puede llamar así. Jairo podía recordar las palabras de Jesús y utilizarlas a conveniencia: "Dejad los niños venid a mí, y no se lo impidáis, porque de ellos es el reino de los cielos". La hija de Jairo era heredera de la gracia de Dios, Jesús les había hecho una invitación especial, por lo tanto, en la mentalidad de Jairo, ella tenía prioridad.

Ante la Intocable, en términos prácticos, la niña tendría prioridad. Primero, tenía doce años, era hija única, era hija de un líder religioso, pero Jesús se especializa en invertir el orden, no porque no tenga nada que hacer y le gusta vernos con cara de perdidos, sino con la expectativa de confiar en sus estrategias, aunque para usted no tenga sentido lo que está ocurriendo. Sus estrategias desafían todo paradigma o patrón, pues él es el Señor de señores. Humanamente hablando Jairo se pudo haber molestado y reaccionado con ira ¡qué atrevida esta dama!, pues además de acercarse a una actividad sabiendo que tenía una limitación sumamente grande, que afectaba a todos los allí presentes, también se antepone a su requerimiento. Jairo ahora podía ver, como la que no estaba en nómina, que no había sido invitada, que no tenía credenciales, que estaba endeudada hasta con el banco de sangre, ahora tomaría un papel predominante en este día de milagros de Jesús.

No sé si usted ha estado esperando durante doce, trece, cinco, o cuántos años por ver un milagro de Jesús. Yo solo sé, que la fe me permite sostenerme mientras lo que está destinado por el Dios del cielo sucede. No nos debemos desesperar, pues no es cuestión de tiempo, sino de la voluntad de Dios que conoce lo que ocurrirá mañana, dentro de cuatro años, pues Él es eterno. En el proceso, aprendamos a descansar en Él y en sus promesas que son fieles y verdaderas.

INTOCABLE

11

UN PRINCIPIO PARA EL PRINCIPAL

Dios no nos usa por nuestros talentos, sino por su gracia

Una persona lo había esperado desde la orilla y allí donde el calzado polvoriento marca una huella, donde no hay lugar para nombres, ni títulos, decidió postrarse ante el Maestro un padre necesitado de un milagro para su hija. La tierra cual alfombra natural tendría de cerca el rostro del principal de la sinagoga. Bajaría su cabeza ante el Maestro, pero antes había vaciado su soberbia y orgullo como líder religioso. Las palpitaciones del corazón de este hombre se escuchaban cual lluvia al atardecer. ¡Hermoso precio el que pagaría este principal, hoy se atrevería a desafiar a sus insidiosos compañeros de clase religiosa, todo por acudir al Ungido!

Jairo, el principal de la sinagoga, personaje importante de este relato bíblico, tuvo que analizar muchas cosas en su travesía por la sanidad de su hija. Desde que salió de su hogar, estaba claro en que tenía que renunciar a su posición como principal de la sinagoga, si los líderes religiosos se percataban de su cercanía con Jesús. Tenemos que recordar que una cosa es que Jairo saliera a buscar a Jesús y otra cosa era que en el camino Jesús se encontrara con una inmunda que cambiaría por completo el escenario para Jairo.

Ahora no solamente tenía que defender su posición como principal de la sinagoga ante el Mesías no reconocido por la mayoría de su pueblo, sino que tenía que explicar por qué permitiría la inmundicia en el proceso. Había muchas cosas en juego para él, y este podía quedar como espectador o tirarse a la cancha como participante activo. Eso último fue lo que aceptó hacer. ¿Qué movió a Jairo a olvidarse de todo lo que decía la ley con relación a la inmundicia? Antes de contestar esa pregunta, debemos analizar la prueba de fe que Jesús produjo en Jairo.

Pienso que Jesús sabía que Jairo necesitaría una palabra de fe, pues tendría que esperar, mientras la marcha se detendría por causa de la sanidad de la mujer del flujo de sangre. Eso cambiaría por completo el panorama. Jairo tendría que convencer a su corazón: ¿será este el Mesías y si lo es, lo podré aceptar sabiendo que se corrompió ante el toque de una inmunda? Había algo en la vida de Jairo que también nos habla de fe. Jairo, podía ponderar su posición como principal de la sinagoga, si en algún momento estaría en juego, pero no renunciaría a su rol de padre amoroso.

Jairo conocería otro principio del reino de Dios. El esperar en El, en sus promesas y en su tiempo. Jairo había recibido una palabra de esperanza, una palabra de fe, una especie de calmante divino, un tranquilizador del cielo. Fue una palabra de Jesús, que la recibió en el momento propicio y se quedó de forma interna ante la espera que experimentaría. Jairo entendió que era hora de mirar no lo que veían sus ojos o sus circunstancias, sino mirar la acción de Dios. Jairo estaba en una esfera, tal como la describe Pablo en Efesios 3:16; para que os dé, conforme a las riquezas de su gloria, el ser fortalecidos con poder en el hombre interior por su Espíritu. Su hombre interior aplacaba las voces del hombre exterior, de lo que percibían sus sentidos. Allí estaba una persona que se estaba atreviendo a creer en los procesos de Dios y a mirar con los ojos de Jesús.

El principio de esperar en Dios, posiblemente Jairo no lo conocía. Esperar en nuestro tiempo es algo a lo que no estamos acostumbrados, por el uso de la tecnología que tenemos. Si a eso le agregamos el factor humano y las exigencias que escuchamos a diario para acceder aquello que queremos, todo esto puede en algunas instancias convertirse en caos. Esa espera con paciencia en medio de la espera celestial les produce ansiedad a algunas personas. En una ocasión me encontraba en la fila de un restaurante de comida rápida. Antes de llegar mi turno para pedir, hubo una discusión entre la cajera y el gerente del local, y no fue por lenguaje de señas, sino a viva voz.

> *Principio Número 1: Desde el principio, espera en el Señor siempre, pues Él conoce la historia de principio a fin.*

La cajera, que tomaría mi orden, no se percató que todavía quedaba en su sistema la ira por la discusión con su jefe. Aquello había estado más caliente que el horno del sol, por lo que todavía con rabia, se voltea, saca una bandeja donde pondría los alimentos y pensando, creo, que yo era el gerente me grita: ¿para aquí o para llevar? De más está decir que el ruido de la bandeja en el "*counter*", fue la *cherry* del frappé, o sea, el golpe o cantazo para abrir mis ojos. Acto seguido, tragué, me recordé de los regaños de mi mamá (que le secaban la saliva a cualquiera), y con una voz baja, sin pestañear le dije casi en susurro: "Yo lo quería para comérmelo aquí, pero si quieres yo me lo llevo". Luego oigo que todos en la fila se rieron, incluyendo la cajera y el gerente. Aquella palabra blanda y jocosa aplacó la ira de ambos.

Jairo no podía darse el lujo de añadir ira a su situación. Nada sacamos con airarnos, sin motivo alguno, por algo que no provocamos, ni sabemos cuál será el final. Jairo confió en que Dios tendría un plan mejor, aunque lo hiciera esperar en su proceso. Jairo no quería de acompañante a Doña Ira, ya tenía a Doña Angustia, que no le perdía ni pie, ni pisada. El fluiría porque había puesto su confianza en Dios, sin importar circunstancias estresantes, él consintió en las estrategias de Dios, aunque no las entendiera en su razonamiento humano. La mayor parte de las veces, creemos que lo que Dios hace no tiene sentido, pero todo está divinamente calculado. Deje de contar con otras estrategias, empiece a contar con Dios en su ecuación.

12

CUANDO LLEGA JESÚS

Os digo que pronto les hará justicia. Pero cuando venga el Hijo del Hombre, ¿hallará fe en la tierra? Lucas 18:8

El ruido ensordecedor se escuchaba por doquier. Llanto, música de flauta, congojas por la niña que había dejado de respirar. Aquel rostro angelical ya no mostraba sonrisa, sus ojos, cristalinos habían dejado de resplandecer, y se fueron opacando poco a poco, hasta que su cuerpo inmóvil se convirtió en el centro de atención. Los lamentos y los endechadores no faltaban, había que acompañar en su pena al principal, había duelo en la casa de Jairo.

En mi país hay un refrán pueblerino que dice: "Le dan pon y quiere guiar" y se refiere a alguien que además de beneficiarse de algo, se extralimita. Jesús fue invitado a la casa de Jairo y tan pronto pone un pie en aquel hogar reacciona como dueño. Pone en orden a los que estaban llorando, los que hacían las canciones lastimeras para resaltar el dolor de los que perdían un ser querido. En el medio oriente, se les pagaba a personas para que compusieran lamentos. Había personas que se dedicaban a llorar de vez en cuanto, pues así se identificaban con el dolor.

Eran los acompañantes de duelo, los que se identificaban con el dolor, aunque no sintieran nada. Si con el lloro viene la congoja y alguna palabra era remunerada y no era lo mismo morir a mano pelá que con expresiones de duelo...cuando murió Saúl y Jonatán (II Samuel 1). En Jeremías 9:17,18 dice: Llamad plañideras para que vengan...dense prisa y levanten llanto sobre nosotros. Amós 5:16 habla de los que sabían hacer endechas. En el pueblo de Israel se acostumbraba a acompañar la tristeza del momento de duelo con endechas o lamentaciones y tener plañideras para que lloraran.

Al finalizar el trayecto de Jesús a la casa de Jairo se encontró con un comité de recibimiento muy interesante. Era un grupo de personas que estaba tocando instrumentos musicales como duelo y Jesús les dice que la niña estaba dormida y allí se formó un revuelo. Lo que parecía un acto de simpatía y recibimiento para identificarse con el dolor, se convirtió en un grupo de personas que fungían como distractores y detractores. Yo le llamo los "tractores", por la terminación de ambas palabras. Jesús pasó de ser el invitado de honor a ser el responsable de establecer las condiciones idóneas para que Jairo experimentara el milagro deseado. Existen momentos en los cuales Dios nos va a dirigir para poner en orden en vías de ver su mano obrar. No se trata de que el milagro ocurrirá por nuestra parte, sino por ser obediente a los pasos que Dios nos imparte. Jesús saca a todos aquellos que no estaban en armonía con lo que allí ocurriría y solamente deja a Jairo, la madre de la niña y tres de sus discípulos.

En este mundo existe una gran cantidad de gente que nos pueden hacer la vida más fácil o por el contrario más difícil. Tenemos que aprender a identificarlos. Están los que se llaman "puentes rotos", porque nadie los pasa; están los tóxicos porque son dañinos, están los esponjas que nos chupan o extraen la alegría. Están las jeringuillas que tratan de inyectar veneno de chisme a nuestras vidas. Por otro lado, están los que con rodillas resuelven aquello que no entienden y velan por el bien de la comunidad de fe. Están los facilitadores, los filtros y acompañantes incondicionales. Esos que cuando los necesitamos, aunque sea para mantener silencio con nosotros, podemos contar con ellos, están ahí, sin hacer ruido, pero presentes. Ese abrazo y apretón de manos grita más que cualquier palabra. Son los que nos ayudan a filtrar aquello que es dañino para que fluya lo realmente importante. Esos velan

> *Canta al Señor aunque no sepas cantar y comiences en Sol y termines en tormenta. Hay una canción escrita para ti.*

por nuestro bien, y no tapan nuestros errores, pero no abren ninguna herida, ni pisotean al que está en el piso.

Jesús tuvo que tomar una determinación que parecía tajante, pero era importante. El era el invitado, y ahora actuaría como el dueño de la casa al disponer de las personas que estaban adentro de la misma. Aquella sala estaba llena de gente que, lejos de mostrar angustia y empatía con Jairo, estaban dándole rienda suelta a sus emociones para mostrar simpatía. Jesus sacó a los distractores, porque estaban distrayendo con sus quejas y melodías la vida que Jesús representaba.

La palabra distractor viene de la palabra en latín distractor y significa el que aparta la atención. Puede haber distractores externos como ruidos, factores del entorno, posturas. Por otro lado, los detractores son los que critican a una persona o alguna cosa. Manifiestan un juicio peyorativo por no estar de acuerdo con alguna cosa. En otras palabras, un detractor es una especie de difamador, una persona que desacredita o que habla mal de otros. Son serpientes que se van en contra de la libélula que tiene luz. Son personas infelices que no pueden ver a nadie triunfar, porque viven en un calabozo de amargura y no abren ninguna ventana, ni para ver el sol. Son franquicia del enemigo de las almas, pues todo lo que persiguen en destruir y ese es el sello del enemigo quien vino a matar, hurtar y destruir, pero Cristo vino para que tengamos vida y vida en abundancia.

Los distractores tratarán de llevarnos por el camino diferente al propósito de Dios y a través de ruidos que llamen la atención, hacernos ver que todo es llevadero a su forma. Nos pueden llenar de lisonjas y halagos, pero su enfoque es quitarnos la mirada del blanco de la soberana vocación que es Cristo Jesús. Distraen con facilidad para que abandonemos el sueño y palabra que Dios ha puesto en nosotros y nos enfoquemos en nosotros mismos, no en Dios. Nos distraen con palabras como estas: "pero tú eres muy joven para dedicarte a eso", o, deja eso para las personas que están bien metidas en la religión, vive la vida ahora que es corta y se va, o tal vez: no entres en eso que no te conviene". Usan expresiones que parecen salidas de radio infierno, todas desde la perspectiva de apartarnos del propósito y el llamado de Dios a nuestras vidas a acercarnos a él. Y aclaro, no se trata de activismo o actividad religiosa, sino de cercanía y dedicación al que nos llamó un día.

Se añade a los tractores otros enemigos, como las preguntas saltarinas que aparecen cuando usted menos lo imagina. Yo las llamo las astronautas, porque siempre quieren quedarse en el aire y en el espacio. Vienen cuando usted ha recibido una palabra de fe y llegan sin ser invitadas: ¿y si no es para ti esa palabra? ¿será que Dios se equivocó de persona? ¿Tú no estás preparado para eso que te han dicho? Debemos tener cuidado de poner punto final, donde Dios ha expresado una palabra. No ponga letreros con la palabra Pare en el fluir de Dios en su propósito y voluntad. No permita que ninguna palabra lo detenga, aprenda a escuchar la voz interna de Dios que quiere dirigirlo en todos sus caminos. La lectura de la palabra y la oración nos ayudan a ser sensibles a esa voz. No oiga al destructor, ni acusador, Apocalipsis 12:10 nos dice cómo terminará el gran enemigo del cristiano, el acusador de nuestros hermanos. Dios tiene determinado cómo será su final, por lo tanto, no debemos caer en sus mentiras ni engaños cuando permitimos que destruya los sueños que Dios ha puesto en nosotros.

Aquello que me distrae, lo que me detiene…los enemigos de la realización de los sueños de Dios. Las murallas en el camino de la palabra que él ha puesto en nosotros. Haga como José, que aunque tuvo que experimentar muchos cambios de vestuario; primero túnica de colores, luego de siervo de Potifar, de preso, vestido real por ser segundo después del Faraón, no obstante su sueño no cambió. Había una palabra empeñada por el Dios del cielo sobre la vida de José desde joven. Del mismo modo, Ruth, la moabita fiel, pasó de ser la extranjera nuera de Noemí a sierva en el campo de cebada, luego a ser la esposa de Booz y por último la bisabuela del rey David, nada más y nada menos. Todo eso por el hecho de que había un propósito eterno y ella estaba dispuesta a caminar el sendero que Dios le trazaba, aunque no lo entendiera.

Sobre la hija de Jairo, el evangelista Marcos presta atención especial a la palabra que Jesús le dijo a la niña. Recordemos que aparentemente, Pedro, el discípulo de

Jesús, fue la fuente de Marcos y estaba presente en este acontecimiento. Marcos 5: 41 dice: Tomando a la niña por la mano, le dijo: "Talita cum", que traducido significa: Niña, a ti te digo, ¡levántate! Aquí hay unos datos que debemos tener en consideración, pues se trata de las pocas instancias en las que Jesús habló en arameo, y que aparece en los evangelios. Allí usó la expresión "talita cum" y Jesús se dirige directamente a aquella niña, la toma por la mano y le da esperanza de vida.

Estoy segura de que Jesús dirigió aquella palabra específica a esta niña, ya que si hubiese dicho solamente la expresión: levántate, cualquier muerto que estuviera cerca se hubiera levantado. Ocurrió igual que a Lázaro que fue específico cuando le dijo: Lázaro, sal fuera. Jesús al igual que hizo con esta niña, nos invita a tomarlo de su mano y levantarnos, no importa donde hemos caído. Nos invita a levantarnos y resplandecer, por más inerte estemos.

Lo que Dios quiere de nosotros es la disposición. Hay una anécdota que aprendí hace años atrás, y me gusta compartirla en mis charlas y predicaciones. Trata sobre un joven, hijo de un pastor, el cual se sintió conmovido en medio de una predicación. Pasó al altar, oraron por él y de forma voluntaria le dijo a Dios que quería poner su voluntad en las manos divinas. Al otro día esperó que su padre no estuviera en la iglesia, pues no quería que vieran lo que él haría. Entró en la oficina del Pastor, buscó la silla que utilizaba su padre para orar y la Biblia que utilizaba para sus sermones. Se arrodilló y le dijo a Dios: Señor, ayer me hablaste sobre la disposición y tu voluntad, por eso quiero que sepas que estoy dispuesto a cumplirla. Y añadió a su oración: voy a poner por escrito este pacto que hago contigo. Buscó una hoja en blanco de una libreta y escribió: Por tu obra seré: 1. Pastor, 2. Evangelista, 3. Misionero, y con una firma de coger fiao o a crédito, firmó su nombre.

Él pensaba que bajaría el arcángel Miguel, Gabriel o cualquier serafín, querubín o ángel que estuviera en el cielo sin hacer nada para recoger aquel papel que había sido escrito, pero no ocurrió nada...nada de nada. Eso le preocupó, pues pensaba que en el cielo no estaban tomando en serio el compromiso que él había hecho. El entró en una batalla mental, pues quería convencer a Dios de su compromiso. Un consejo que le doy gratis: no pelee con Dios, él siempre gana, sino pregúntele a Jacob, a quien se le cambió el nombre a Israel en la Biblia. Cuando el joven de la anécdota se percató que pelear con Dios es una pérdida de tiempo, recuperó su razón y se mantuvo en silencio. En ese momento, Dios habló a su corazón y le dijo que buscara una hoja de papel nueva. Rápido la buscó, pensando que Dios le daría instrucciones sobre el llamado que él sentía. Dios le dijo: Solo firma, yo llenaré la hoja de tu vida. Sabe algo mi amigo, eso es disposición.

Ni usted ni yo le podemos decir a Dios lo que queremos hacer, sino debemos estar disponibles para cumplir su voluntad. Él solo aguarda para contar con nuestras manos y pies para cumplir su propósito. Disipe toda actitud contraria al propósito de Dios en su vida, fluya en los métodos de Dios y no permita que los distractores y detractores empañen la visión que Dios ha puesto en su vida.

Si no conoce a Jesús, qué mejor momento para que pueda experimentarlo, tal como los personajes de esta historia. Fueron reales como usted, y al igual que ellos usted puede gozar de su amor y su propósito. Rinda su corazón al Señor. Le invito a hacer esta oración:

Amado Dios: Me acerco a ti con humildad, me arrepiento de mis pecados, escribe mi nombre en el Libro de la Vida, entra en mi corazón. Toma control de mi vida y sé tú el dueño y Señor de la misma. Perdona mis ofensas y hazme un instrumento de tu paz. Quita todo aquello que no te agrada y úsame para tu gloria y honra. Todo te lo pido en el nombre de Jesús, amén.

Este paso es sumamente importante, busque donde congregarse y encontrarse con personas que al igual que usted y yo, hemos dado ese paso de fe. Queremos agradar al Dios del cielo a través de su voluntad, por eso es tan importante nuestro crecimiento espiritual. Para eso está la Biblia, la oración y la comunión con otros hermanos en la fe que nos ayudarán en el caminar con el Señor. La bendición del Dios todopoderoso sea con todos nosotros siempre. Abra su corazón a Dios y a la fe, y la fe viene por el oír, el oír la palabra de Dios.

INTOCABLE

ACERCA DEL AUTOR

La Rvda. Abigail Rivera Peña es profesora de varios institutos y seminarios bíblicos y conferenciante en temas de escatología, formación espiritual, vida cristiana, educación creativa, entre otros. Ha participado como conferenciante en paises como Guatemala, Venezuela, Cuba, República Dominicana, EU. Ha escrito varios libros, de forma independiente, entre los que se destacan: Apocalipsis; el Libro de la Bienaventuranza; Jesús en las Fiestas Levíticas; 40 Señales de su Venida; El Libro del Cordero, Educación Creativa (I y II), Un Milagro Llamado Israel, Ofrenda Agradable a Dios, Rieflexiones y el libro ¿Qué parte del no, tú no entiendes? bajo la casa editora Barker Jules.

Ha participado como anfitriona en varios programas de radio y televisión en Puerto Rico. Está casada con el Revdo. Guillermo Morales, tiene dos hijas y un nieto. Reside en Bayamón, Puerto Rico.

Para invitaciones o pedidos

abbykrivera@yahoo.com

amazon.com